Edgard DEPITRE

Chargé de Conférences
à la Faculté de droit de l'Université de Paris

LES

CAISSES DE LIQUIDATION

des

Opérations à terme sur Marchandises

Etude juridique et économique

PARIS

Arthur ROUSSEAU, Éditeur

14, RUE SOUFFLOT, 14

1907

LES

CAISSES DE LIQUIDATION

des

Opérations à terme sur Marchandises

———

Edgard DEPITRE

Chargé de Conférences
à la Faculté de droit de l'Université de Paris

LES
CAISSES DE LIQUIDATION

des

Opérations à terme sur Marchandises

Etude juridique et économique

PARIS

ARTHUR ROUSSEAU, Éditeur

14, RUE SOUFFLOT, 14

—

1907

INTRODUCTION

Les dures épreuves par lesquelles certaines déconfitures
retentissantes de la fin de l'année 1905, du début de 1906,
faisaient passer le Marché de Paris, n'ont point manqué de
susciter — comme il advient toujours au lendemain d'une
crise commerciale, — une nouvelle campagne contre l'organisation des Bourses de commerce. Nous avons entendu, en
de violents réquisitoires, refaire le procès et prononcer la
condamnation tout à la fois de la spéculation, de l'accaparement, du jeu et de l'agiotage. On a fait appel à l'intervention
des pouvoirs publics et demandé aux législateurs d'accom-
plir, sans plus tarder, les réformes radicales nécessaires :
rétablissement de l'exception de jeu, — imposition spéciale
des opérations à terme, — suppression pure et simple du
marché à terme, — tels étaient les projets qui furent exhu-
més et proposés à nouveau. Le gouvernement lui-même,
poussé par l'opinion publique, constitua par décret du 18
août 1905, une *Commission extra-parlementaire* chargée
« d'étudier les moyens d'améliorer le fonctionnement des
Bourses de commerce et d'assurer la régularisation des opérations qui s'y effectuent » (1).

---

(1) Cette Commission était ainsi composée :
Président : M. Millerand, député.
Vice-Présidents : MM. Viger, sénateur; Bard, président de la Chambre cri-
minelle de la Cour de cassation.
Membres : MM. Boudenoot, Jean Dupuy, Peytral, Trystram, Waddington,
sénateurs; Astier, Briand, Caillaux, Cruppi, Delombre, Dron, Honoré Leygue,
Mirman, Motte, Claude Rajon, Rose, Rouanet et Thierry, députés; le Direc-

Qui dit attaques suppose une résistance, et nos Bourses, il est vrai, n'ont point manqué de défenseurs. Bien mieux, certains parmi ces défenseurs surent ne point se montrer des partisans aveugles de l'organisation actuelle du marché : ils ne cherchèrent point à s'illusionner sur la gravité de la crise, mais « se gardèrent aussi de tout découragement et fermèrent résolument l'oreille aux propos de ceux qui déjà, allaient disant : la place en a vu bien d'autres! » (1). Et enfin, ayant, croyaient-ils, diagnostiqué exactement le mal, ils proposaient le remède et au lendemain même de la crise en tentaient une première application.

S'ils reconnaissaient, en effet, que la spéculation « l'âme même du commerce », et son principal instrument, le marché à terme, sont aujourd'hui non seulement utiles, mais nécessaires et indispensables, ils ne s'en dissimulaient point les dangers : et le danger le plus grave du marché à terme leur paraissait résulter de l'imprudence ou de la mauvaise foi de

---

teur des affaires criminelles au ministère de la Justice; Jacques Chaumié, chef du cabinet du Garde des sceaux; le Directeur de l'agriculture au ministère de l'agriculture ; Colson, conseiller d'Etat; Delamotte, inspecteur des finances; Chapsal, directeur du commerce et de l'industrie au ministère du commerce; Grapin, chef adjoint du cabinet du Ministre du commerce;

MM. Lyon-Caen, Thaller, Bourguin, professeurs à la Faculté de droit de l'Université de Paris; les présidents des Chambres de commerce de Paris, du Havre, de Roubaix, Tourcoing et Bordeaux ou leur délégué; le président du tribunal de commerce de la Seine; Boverat, président du Syndicat général des grains, graines, farines, huiles, sucres et alcools, à la Bourse de commerce de Paris; Regnault-Desroziers, membre de la Chambre de commerce de Paris, président de la Commission d'administration de la Bourse de commerce de Paris ; Origet, président de la Compagnie des courtiers de marchandises inscrits près le tribunal de commerce de la Seine;

MM. Viéville, président du Syndicat des fabricants de sucre; Troubat, président de l'Association nationale de la meunerie française; Yves Guyot, ancien ministre; Viviani, ancien député; Groussier, ancien député.

(1) *Réforme Economique*, 20 août 1905.

certains spéculateurs qui, engagés bien au delà de leurs ressources, se laissent surprendre par de brusques variations de
cours et se trouvent finalement dans l'impossibilité de faire
face à leurs engagements. « Or, tous ceux vis-à-vis desquels
ils étaient engagés sont atteints par leur chute. Tous leurs
calculs se trouvent déjoués, toutes leurs prévisions contra-
riées et souvent d'autres chutes, conséquences de la première,
ébranlant à leur tour la situation de la place, produisent le
phénomène du château de cartes qui s'écroule et déterminent
un véritable krach. La faute d'un spéculateur important
amène ainsi des désastres d'une portée générale par suite de
la solidarité que crée le crédit entre tous ceux qui y ont
recours » (1).

Il fallait donc, dirent des premiers, M. Jules Domergue
dans *la Réforme économique*, — M. Oscar Bloch dans une
substantielle brochure, — M. Viéville au *Syndicat des Fabricants de sucre de France*, — M. Thierry, député de Marseille, — M. Roussel, président de la Chambre de commerce
de Roubaix, — un de nos maîtres, M. Thaller, étudiant la
question au point de vue juridique, à la *Fédération des
Industriels et des Commerçants* (2), — il fallait donc précisément trouver le moyen d'imposer la sincérité des cours,
d'obliger la spéculation à proportionner ses opérations aux
ressources et aux facultés de ceux qui s'y livrent, — et ce
moyen, ils le voyaient dans l'institution sur le marché de
Paris d'une *Caisse de liquidation*.

---

(1) De Rousiers, *Revue de Paris*, 1ᵉʳ novembre 1903.
(2) V. *Réforme économique*, 20 août, 3 septembre, 1ᵉʳ-22 octobre, 12-15 novembre, 10 décembre 1905. — Oscar Bloch, *Quelques mots à propos des
Caisses de liquidation*, Paris, 1905 ; *La Cote de la Bourse et de la Banque*,
16-20 novembre 1905 ; *Bulletin de la Fédération des Industriels et des Commerçants*, octobre-novembre 1905 ; *Le Temps (Petit Temps)*, 12 novembre 1905.

Ainsi, dans chacun des deux camps adverses, se trouvait-on d'accord au moins sur un principe : l'organisation actuelle était défectueuse, comportait soit des défauts, soit des lacunes ; il y avait quelque chose à faire. Notons cependant que, — dès ce point de départ même et sans entrer plus avant dans le détail des thèses soutenues, — l'attitude et la proposition des défenseurs de l'organisation actuelle de nos marchés, — nous disons *défenseurs* quoique *réformateurs* par opposition aux adversaires irréductibles du terme, — semblaient devoir retenir l'attention par plusieurs points particuliers.

Avec eux, tout d'abord, nous nous trouvons en présence soit de professionnels, soit d'hommes vraiment compétents qui connaissent à fond la Bourse, son mécanisme et son rôle, — et cette observation prendra tout son relief si l'on veut bien ne pas oublier comment la Bourse vit concentrée sur elle-même, en pays fermé au dehors, aux mœurs très particulières, au langage spécial même, — pays que le public ne peut que difficilement explorer, connaît mal et, par suite, juge déplorablement (1). La méfiance naturelle de la foule à l'égard

---

(1) Voir Georges Sorel, *Introduction à l'Economie moderne*, p. 320. — M. Sorel termine ainsi une très fine analyse des obscurités accumulées autour des questions qui se rattachent à la spéculation : « Le public ne peut guère juger l'effet des Bourses que par les états particuliers d'âme que manifestent les spéculateurs ; il se rend compte que ce sont des combattifs menant contre leurs adversaires une lutte de tous les jours en vue d'accroître indéfiniment leurs profits : il est donc porté à voir en eux des hommes dangereux qui ne peuvent faire fortune qu'à son détriment. Les consommateurs accusent les Bourses de contribuer à leur rendre la vie difficile. Entre les Bourses et la Société, il n'y a pas de communications régulières de pensée : il ne faut donc pas demander aux gens qui vivent en dehors de ce petit monde de le juger avec sérénité ».

— « Il importe au plus haut point de ne pas céder à l'opinion qui confond souvent, dans une même réprobation, les actes frauduleux et les opérations légitimes dont la nature et la raison d'être lui échappent ». Colson, *Cours d'Economie politique*, II, p. 558.

des intermédiaires y aidant, elle a englobé dans la même suspicion, dans les mêmes attaques, tous les opérateurs à terme, spéculateurs, joueurs et agioteurs, — et ses porte-paroles, dans la presse et au Parlement, n'ont pas toujours rétabli les distinctions indispensables.

En second lieu, nous voyons les partisans de la réforme du marché, par l'introduction d'une Caisse de liquidation, préciser nettement les vices et les dangers de l'organisation actuelle et apporter un remède bien déterminé. Remède tout relatif, diront leurs contradicteurs, qu'on ne peut que proposer, non imposer. Sans doute, mais ne peut-on pas dire aussi mal relatif ? Le maintien actuel du *statu quo*, après les craintes aiguës des premiers moments d'émotion, n'en est-il pas la meilleure preuve, et si, depuis 1885, tous s'accordent en fait à demander aux Bourses services généraux ou profits particuliers, cela ne peut-il pas aussi démontrer dans une certaine mesure que leur organisation actuelle n'est en soi ni si défectueuse, ni si contraire aux intérêts publics ou privés. Des institutions aussi générales, aussi universellement soumises à l'expérience quotidienne de ceux qui y ont recours, ne sauraient être envisagées comme des institutions arbitraires, simples instruments aux mains de quelques monopoleurs ou pures conceptions artificielles qu'une autre conception peut aisément remplacer. Aussi bien, ne semble-t-il pas qu'il faille, avant tout, se garder d'exiger des organismes sociaux une précision trop rigoureuse, — se méfier des constructions abstraites, logiques certes, mais aux prémisses trop peu réalistes et dont les effets pratiques sont souvent précisément opposés à ceux qu'en attendait le promoteur, témoin cette loi allemande des Bourses sur laquelle nous aurons à revenir.

De plus, ce remède déterminé, — outre que, disait-on, il avait déjà fait ses preuves, — présentait ce grand mérite d'exister déjà : sur certaines places, nationales ou étrangères, la Caisse de liquidation faisait partie intime de l'organisation du Marché. Ce n'était donc pas quelque chose d'extérieur et dont nulle expérience n'avait encore permis de constater les effets, qui allait se trouver rapporté au mécanisme général, — frein insuffisant et sans action ou bien régulateur trop pesant et brutal. Si, comme il faut croire sans doute, aucune institution n'est parfaite, si tôt ou tard l'abus apparaît comme une suite nécessaire de l'usage, ne peut-il pas sembler préférable de chercher, dans un remaniement plus serré et précis des pièces mêmes du système, un remède approprié, *interne* pour ainsi dire, — comme, aussi bien, supprimer une institution pour en faire disparaître les vices n'apparaît-il pas comme un procédé par trop simpliste et qui n'offre nulle garantie que d'autres inconvénients plus graves ne résulteront point ou de cette suppression même, ou de l'institution encore inexpérimentée créée pour remplacer l'ancienne.

Suivait enfin, et pour des raisons proprement techniques, la démonstration des services rendus par les Caisses de liquidation, — de la nécessité de créer une institution analogue sûr la place de Paris.

A ces raisons, très fortes sans doute en tant que dirigées contre les projets de réforme absolus et qui remettaient en question toute l'organisation actuelle de nos marchés, s'opposaient, il est vrai, sur le terrain particulier de la réorganisation du marché de Paris par l'introduction d'une Caisse de liquidation, d'autres raisons et certains faits non moins sérieux en apparence. On pouvait d'abord, — et sans même entrer dans la discussion des éléments techniques de ces Caisses, — tirer argument de l'abstention caractéristique, sinon de l'opposition nettement marquée de certaines personnalités de la

Bourse de commerce, aussi compétentes, à coup sûr, et aussi intéressées au fonctionnement régulier des affaires que les promoteurs de l'idée d'une Caisse de liquidation.

Les raisons tirées des heureux résultats apportés par la création de ces Caisses sur certaines places semblaient également perdre une partie de leur force devant les exemples rappelés des abus commis par la *Waaren-liquidations-Casse* de Hambourg en 1888, et plus encore, l'année suivante, par celle de Magdebourg.

Si enfin l'institution était véritablement si utile et si nécessaire, comment expliquer que les Caisses de liquidation créées à Reims, à Marseille, n'aient eu qu'une existence si brève, — et pourquoi, plus particulièrement encore, les deux Caisses fondées à Paris même, l'une par l'ancien Comptoir d'Escompte, l'autre par la Banque commerciale et industrielle, n'avaient pu réussir. Ne pouvait-on point logiquement conclure que les Caisses de liquidation, elles aussi, ne sont point toujours également utiles, nécessaires, applicables universellement et sans distinction de conditions ou de circonstances ?

Bref, quelle qu'ait été la part de ces raisons générales, — celle, moins facilement déterminable, des résistances particulières et personnelles, — les partisans de la création d'une Caisse de liquidation sur la place de Paris n'ont pu, cette fois, aboutir (1). D'autre part, la Commission extra-parlementaire dont les travaux devaient précéder et préparer l'œuvre législative, ne s'est jamais réunie. Nos législateurs n'ont point remis à l'étude ces questions qu'ils voyaient si graves. Le bruit retentissant des krachs Jaluzot et Crosnier, celui de la chute des maisons qu'ils ont entraînées dans leur ruine, s'est

---

(1) Voir la thèse récente (1907) de M. Dunan : *La crise du marché des sucres en 1905 et la question de la Caisse de liquidation à la Bourse des marchandises de Paris.*

éteint peu à peu. Le cours des choses et l'état des esprits paraissent être redevenus ce qu'ils étaient avant la crise, en juin 1905.

Mais la campagne menée par la *Réforme économique* a eu du moins ce résultat incontestable d'attirer l'attention sur les *Caisses de liquidation des opérations sur marchandises*, et particulièrement sur nos deux seules Caisses de liquidation françaises, — celle du *Havre* qui, jusque-là, n'avait guère fait parler d'elle, celle de *Roubaix-Tourcoing*, que les discussions sur la crise lainière de 1900 avait déjà mise plus en lumière. Aussi bien avait-on nettement insisté sur ce point que la création d'une Caisse de liquidation ne constituait pas seulement une simple réforme d'organisation intérieure, toute particulière à la Bourse et sans conséquences extérieures et générales. Dès lors, on a dû se demander ce qu'étaient exactement ces organismes commerciaux, quelle était leur situation précise dans le processus général des opérations sur marchandises, quels étaient les principes de leur organisation ; — d'autre part, que fallait-il attendre de ces Caisses de liquidation et quels résultats avait apporté leur création sur certaines places, au double point de vue et de la marche des affaires et du développement de ces places ; était-ce bien cette organisation nouvelle du terme qui avait permis, comme on le disait, au marché du Havre de rivaliser avec celui de Hambourg pour les cafés, à Roubaix-Tourcoing de rivaliser avec Anvers pour les laines ? — La question se présentait ainsi sous deux aspects : l'un plus *juridique*, l'autre proprement *économique*.

Or les Caisses de liquidation des opérations sur marchandises n'ont guère été étudiées jusqu'à présent, croyons-nous, que sous l'un ou l'autre de ces aspects particuliers : juridiquement, dans la partie de quelques traités de droit commer-

cial consacrée aux Bourses de commerce ou dans certains
ouvrages spéciaux traitant des opérations à terme et de leur
liquidation (1) ; — économiquement, en de courts articles ou
brochures, voire en des exposés oraux forcément incom-
plets (2).

Il nous a semblé qu'il pourrait être de quelque utilité de
réunir en une étude hien délimitée, ces deux aspects de la
question : ils sont intimement liés. On peut en effet, appliquer
à ces institutions juridiques émanant de l'initiative privée ce
qui a été dit, excellement, du Droit en général, « qu'il deve-
nait plus instructif et que son sens ressortait mieux, si avant
de prendre la loi dans sa formule législative, on commençait
par rechercher quelles raisons ont pu faire que les hommes se
la sont donnée » (3). Et d'autre part, l'examen critique des
résultats obtenus par les Caisses de liquidation ne doit-il pas
procéder d'une connaissance aussi parfaite que possible de
l'instrument ainsi mis en cause et des conditions de son fonctionnement.

C'est ainsi qu'un double intérêt nous a paru devoir résulter
d'une telle recherche : en premier lieu, celui que peut pré-

----

(1) Thaller, *Traité élémentaire de droit commercial*, Paris, 1904, 3ᵉ éd. ; —
Lyon-Caen et Renault, *Traité de droit commercial*, III, 4ᵉ éd., 1906 ; — O.
Senn, *Liquidation des marchés à terme sur marchandises*, thèse, Paris,
1888 ; — Hayem, *Opérations à terme sur les marchandises*, thèse, Paris,
1894 ; — Patoux. *De la liquidation par filières des marchés sur marchandises*, thèse, Paris, 1899.

(2) V. cependant en dehors des articles ou brochures déjà cités : Cl. Jannet,
Le capital, la spéculation et la finance au xixᵉ siècle, Paris, 1892; — *Les
Caisses de liquidation des opérations en marchandises* (Académie des sciences
morales et politiques, 1892, page 516) ; — Edouard Dolléans : *De l'Accaparement*, thèse, Paris, 1902 ; la thèse excellente de Dunan, déjà citée, et celle
de Delcambre (Caen, 1907) : *Les Caisses de liquidation et les opérations à
terme sur marchandises*.

(3) E. Thaller, *op. cit.*, préface.

senter l'exposition du mécanisme d'institutions juridiques assez complexes et généralement peu connues ; — en second lieu, celui de préciser leur fonction économique, le but auquel elles visent et si elles le peuvent atteindre. Aussi bien ne faut-il point omettre de considérer les Caisses de liquidation en tant que partie de l'outillage économique d'une nation et de déterminer à quels résultats elles ont abouti à ce point de vue propre de l'économie nationale.

A ce double intérêt, correspondront chacune des deux parties de notre travail :

I. *Mécanisme juridique des Caisses de liquidation.*

II. *Fonction économique des Caisses de liquidation.*

Il s'agit donc ici, comme on le voit, d'une étude générale sur les Caisses de liquidation. Encore que l'idée de ce travail soit née, pour ainsi dire, au contact de certains événements actuels et des discussions qui les suivirent, nous ne nous sommes point proposé la solution de cette question particulière, à savoir, si la création d'une Caisse de liquidation sur le Marché de Paris était chose utile, désirable ou nécessaire. Eussions-nous même abordé notre sujet avec cette première intention, nous l'aurions certes abandonnée dès que nos recherches se seraient étendues et les faits accumulés. Les Caisses de liquidation, en effet, — et c'est la conclusion très nette à laquelle nous avons abouti, — constituent des organismes commerciaux qui peuvent rendre, et qui ont rendu, sur certaines places, de précieux services : mais de même que les opérations à terme, ce sont des instruments perfectionnés dont tout l'effet utile dépend des mains qui les manient. En soi et *in abstracto*, elles apparaissent bien comme une organisation supérieure du terme : mais leurs avantages et leur

supériorité dépendent, en définitive, des conditions de leur
réalisation pratique, — difficiles à préciser de façon absolument rigoureuse, — et de leur fonctionnement réel ; de
cela surtout, il serait téméraire de préjuger.

Enfin l'existence et le fonctionnement des Caisses de liquidation présupposent un état de fait législatif et un milieu
économique que nous admettons connus et en majeure partie
acceptés. A quoi bon, en effet, parler des Caissses de liquidation si les arguments des anti-termistes irréductibles sont
sans réplique ? Mais nous n'avons point songé à reprendre
cette question, tant de fois débattue déjà, de l'utilité de la
spéculation commerciale, de la légitimité ou de la nécessité
des opérations à terme. Il nous suffit d'admettre « qu'on ne
pourrait *prohiber* les opérations à terme sans dommage pour
l'équilibre économique » (1). C'est cette première conclusion
qui sert de point de départ à notre étude particulière (2).

---

(1) Gide, *Principes d'économie politique*, 10ᵉ édit., 1906, p. 214. — Voir
particulièrement, pour la justification très réaliste de ce postulat, *les
Enquêtes sur les Marchés de marchandises en France*, publiées par la *Revue
politique et parlementaire*, 1900-1901 ; — Edouard Dolléans, *de l'Accaparement*, première partie, *passim*.

(2) Nous adressons nos meilleurs remerciements à tous ceux qui ont bien
voulu nous aider de leurs conseils et nous faciliter les recherches nécessaires, —
et tout particulièrement à MM. Pierre du Maroussem, Oscar Bloch, — de
Paris, — et Charles Maignial.

PREMIÈRE PARTIE

Mécanisme juridique des Caisses de liquidation

But des Caisses de liquidation. — Définition.
Division générale

—

A l'analyse, et par l'examen des différentes définitions qui ont été données des Caisses de liquidation, une *double fonction* semble être assignée à ces Caisses.

D'une part, — et c'est, en général, avec les définitions données par les Règlements mêmes des diverses Caisses, en des termes presque identiques, le point de vue des praticiens et des économistes, — les Caisses de liquidation apparaissent comme des *organismes de garantie de la bonne exécution des marché à terme* sur marchandises : « La Caisse de liquidation et de garantie des opérations à terme sur marchandises de Roubaix-Tourcoing, dit l'article 1er du Règlement, a pour objet de garantir à un vendeur et à un acheteur la bonne exécution des opérations inscrites dans ses livres (1) ». — « Les Caisses de liquidation ont été instituées pour garantir la bonne

---

(1) Cf. *Règlement de la Caisse du Havre* : « La Caisse de liquidation des affaires en marchandises au Havre, garantit la bonne exécution des opérations enregistrées par elle ». — *Waaren-liquidations-Casse in Hamburg*, § 1 : « Die Gesellschaft garantirt beiden Contrahenten die ordnungsmässige Erfüllung derjenigen Geschäfte welche die bei ihr als Makler zugelassenen Personen ihr aufgegeben haben, und welche sie in ihr Eingangsbuch eingetraten hat... ».

exécution des contrats... » (1). — « Une Caisse de liquidation prend sous sa surveillance et sous son entière responsabilité toute opération de vente à terme sur marchandises qu'elle a enregistrée et elle en garantit la stricte et complète exécution » (2).

Mais d'autre part, — et c'est là un point de vue proprement doctrinal, — le rôle des Caisses de liquidation nous est présenté comme étant d'ordre plus général. Avant d'être des organismes de garantie de la bonne exécution des marchés, elles constituent *un mode distinct d'exécution*, « l'un des deux principaux modes dont se peuvent exécuter les marchés de Bourse quand survient l'échéance ». *Le règlement par la Caisse de liquidation*, « être central, véritable personnalité juridique qui se met aux lieu et place des opérateurs ou de leurs agents », s'oppose alors au *règlement par filières*, « où chaque opérateur liquide son propre marché à la « demande que lui en fait sa contre-partie ». Et dans ce cas, le but de la Caisse qui apparaît tout d'abord, est, comme nous le verrons plus en détail, de *faciliter*, de *simplifier* l'exécution des contrats. Ceci ressort de la définition que nous venons d'emprunter à M. Thaller (3); c'est également le point de vue de M. Cauwès : « La Caisse de liquidation centralise « toutes les offres et toutes les demandes et en opère la liqui- « dation générale » (4). C'est aussi celui de M. Colson : « Sur quelques marchés, on a essayé de simplifier l'exécution

---

(1) Edouard Dolléans : *De l'accaparement*, p. 168.

(2) P. Sinceny, *Réforme Economique*, 20 août 1905. Voir également dans ce sens, les définitions de M. Oscar Bloch : *Quelques mots à propos des Caisses de liquidation*, p. 6. — *Cote de la Bourse et de la Banque*, 16 novembre 1905. — Emile Guilmard, *Réorganisation de la Bourse du commerce*, p. 40, etc.

(3) Thaller : *op. cit.*, p. 516-522.

(4) Cauwès, *Cours de doctorat* : 1903-1904.

« des contrats, en centralisant toutes les opérations dans une
« Caisse de liquidation » (1).

Ainsi, suivant qu'on s'attache à l'un ou à l'autre de ces
deux points de vue, est-on conduit à donner des Caisses de
liquidation une définition différente.

En réalité, ces Caisses sont à la fois, et des *organismes
centraux d'exécution* des marchés, de *liquidation* par voie
de compensation, — et c'est bien sous cet aspect qu'il faut
voir leur situation précise dans le processus général des opérations sur marchandises, — et *des organismes de garantie.*

Aussi bien, ces deux fonctions ont *une même source juridique, une même origine formelle* : nous verrons comment,
par l'enregistrement qu'elle fait des contrats à terme sur
marchandises, la Caisse de liquidation se trouve substituée
pour chacun des contractants à sa contre-partie, comment elle
devient acheteur d'une part, vendeur de l'autre, *contre-partie
unique* de toutes les opérations pour lesquelles on a recours
à elle. De ce fait découlent deux ordres de conséquences :

1° Les opérateurs vont gagner à cette substitution une
contre-partie d'une solvabilité certaine, assurée par tout un
système de précautions générales et de mesures techniques :
la Caisse, envisagée comme institution de garantie.

2° Les opérateurs vont y gagner d'avoir pour tous leurs
marchés une seule et même contre-partie, la Caisse, tiers
interposé entre l'opérateur d'une part et tout le marché de
l'autre ; les marchés en sens contraire vont s'annuler d'eux-
mêmes par compensation : c'est le rôle de *la Caisse en tant
qu'institution de liquidation.*

---

(1) Colson : *Cours d'économie politique*, t. II, p. 505 — M. Haristoy (*Virements en Banque et Chambres de compensation*, thèse, Paris, 1906) présente
également les Caisses de liquidation comme des institutions où s'applique
avant tout le mécanisme de la compensation.

Ainsi donc (et quoique on puisse, sans doute, imaginer des organismes intervenant lors de la liquidation des contrats sans apporter de garantie de leur bonne exécution)(1), devons-nous, pour l'instant, réunir ces deux conceptions et définir ainsi les Caisses de liquidation : « des institutions juridiques qui ont pour but de *simplifier* l'exécution des marchés à terme sur marchandises et suivant certaines conditions déterminées, d'en *garantir*, à l'acheteur comme au vendeur, le règlement soit en espèces, soit en marchandises » (2).

Division générale. — Nous aurons à étudier, dans cet examen analytique du mécanisme juridique des Caisses de liquidation, chacun des deux termes de cette définition.

Dans un premier chapitre, nous étudierons les *Caisses de liquidation en tant qu'institutions de garantie* de la bonne

------

(1) Par exemple, la *Cotton Brokers Bank*, fondée à Liverpool en 1887, dans le but de simplifier les opérations sur le coton, — la *Beetrot Sugar Association* of London créée en 1888 pour la compensation des marchés sur le sucre de betterave. La première de ces institutions est reliée au *Clearing* dirigé par la succursale de la Banque d'Angleterre à Liverpool, qui recueille pour le crédit de la Cotton Bank, tous les effets, soit monnaie, soit chèques, traites ou transferts et en opère la compensation, d'où économie notable de travail et économie non moins notable dans l'usage du numéraire. V. Haristoy, *op. cit.*, p. 513, 516. Senn., *op. cit.*, p. 82 ; Sonndorfer, *Die Technik des Welthandels*, Vienne, 1905, page 54.

(2) *Statuts de la Caisse de liquidation du Havre*, art. 2 : « L'objet de la Société est la liquidation, avant ou à l'échéance, des affaires en marchandises sur la place du Havre et la garantie desdites opérations de liquidation ».

On peut noter ici un changement significatif dans la rédaction des articles du règlement de Roubaix-Tourcoing : chacun des articles du nouveau règlement de 1906 parle de la *Caisse de liquidation et de garantie*. L'ancien règlement portait seulement : *la Caisse de liquidation*. Voir cependant la dénomination exacte que donnaient déjà les statuts : « *Caisse de liquidation et de garantie* des opérations à terme sur marchandises » (Statuts, art. 3).

et complète exécution des marchés à terme. C'est à ce chapitre que nous rattacherons, — quoique en toute rigueur nous eussions dù, et tout d'abord, lui faire une place à part, — l'examen des formalités (*enregistrement des contrats*) d'où découle pour la Caisse, avons-nous dit, sa double fonction d'institution de garantie et d'institution de liquidation. Mais nous avons pensé que l'exposé des formalités de l'enregistrement demandait à ne point être séparé de l'analyse de l'ensemble du mécanisme.

Nous montrerons ensuite comment les Caisses de liquidation réussissent à *faciliter* l'exécution des contrats, *les simplifications* qu'elles apportent lors de la liquidation des marchés.

Un troisième chapitre indiquera *la forme* que revêtent, en général, ces institutions et précisera leurs rapports avec les Bourses de commerce. Nous terminerons enfin, par l'examen de leurs *Règles financières*.

Cette première partie constitue exclusivement une étude du mécanisme juridique des Caisses de liquidation telles qu'elles existent et fonctionnent. Pour plus de précision encore et pour mieux délimiter le champ de notre recherche, nous nous sommes bornés aux Caisses de liquidation *françaises et allemandes* : nous ne négligerons point cependant les rapprochements et les comparaisons que pourront nous fournir certaines institutions analogues anglaises ou américaines, — l'étude des règlements des *Caisses de liquidation* du *Havre* et de *Roubaix-Tourcoing*, de la *Waaren-Liquidations-Casse* de *Hambourg* (1) demeurant l'objet principal de notre analyse.

____

(1) La Caisse de liquidation des opérations sur peignés de Leipzig a été mise en liquidation en 1903.

Il convient d'ailleurs de signaler dès l'abord, la grande res-
semblance, la quasi-identité de la plupart des dispositions
édictées par ces diverses Caisses — ce qui n'offre rien que de
très naturel, le but qu'elles se proposent étant non seulement
le même pour toutes, mais encore de sa nature absolument
précis et facile à définir.

CHAPITRE PREMIER

LA CAISSE DE LIQUIDATION, INSTITUTION
DE GARANTIE
DE LA BONNE EXÉCUTION DES CONTRATS

Les Caisses de liquidation ont pour fonction, avons-nous dit, de garantir à un acheteur et à un vendeur la bonne exécution des marchés à terme passés entre eux.

En quoi va consister cette garantie offerte aux opérateurs par la Caisse? — D'où va-t-elle naître : conditions formelles et nature juridique de l'opération? — Comment enfin, et c'est là le point délicat du mécanisme, la Caisse parvient-elle à se garantir contre les risques qu'elle prend à sa charge? — Telles sont les diverses questions que nous allons avoir à examiner.

§ I. — *La notion de la garantie*, offerte par la Caisse de liquidation aux opérateurs est très nette et facile à concevoir. La Caisse donne au vendeur à terme la certitude que la marchandise ne lui restera pas pour compte et qu'il recevra le prix stipulé, — à l'acheteur à terme, la certitude que la marchandise lui sera livrée au prix convenu. Ceci pour les Caisses qui, comme celle du Havre, n'enregistrent que des « opérations sur marchandises devant donner lieu à une livraison et à une réception effectives » (art. 1er, al. 2). Pour celles qui admettent des marchés pouvant se régler par le paiement de simples différences, la Caisse garantira également le paiement de ces différences.

Là s'arrête la garantie offerte par la Caisse. Elle n'entend nullement — et les Règlements de Roubaix-Tourcoing le disent de façon explicite — assumer de responsabilité, soit quant au résultat des expertises, dont il est parlé aux conditions générales, soit quant à la réalité, la consistance ou le maintien des dépôts de marchandises accusés par les documents qui lui sont remis pour la circulation des filières. Les magasins généraux et autres dépositaires agréés sont seuls responsables à l'égard des déposants de tout ce qui peut advenir aux marchandises déposées (art. 1ᵉʳ, § 2).

§ II. — Telle est la garantie offerte par les Caisses de liquidation : elle est, on le voit, dans sa simplicité et sa généralité mêmes, aussi complète que possible. Très simple également paraît le procédé qui permet à la Caisse de l'assurer aux opérateurs. La Caisse de liquidation va garantir au vendeur et à l'acheteur la bonne exécution du marché par ceci : *elle supprime pour chacun d'eux le risque provenant de la contre-partie en devenant elle-même contre-partie* (1). Dès qu'une affaire est conclue, *elle la prend à son compte* : elle s'engage vis-à-vis de chacune des deux parties, acheteur vis-à-vis du vendeur — vendeur vis-à-vis de l'acheteur.

L'idée générale ainsi indiquée, il nous faut maintenant entrer plus avant dans le détail, exposer les formalités requises, dégager la nature juridique du procédé employé.

a) Enregistrement des opérations

La Caisse de liquidation et de garantie n'intervient pas sur le marché pour la conclusion des affaires : elle se borne à les

---

(1) Cf. **Règlement de Hambourg**, art. 1ᵉʳ *in fine* : Die Gesellschaft uebernimmt diese Garantie dadurch, das sie sich jedem Contrahenten gegenüber als Gegencontrahentin bezeichnet.

enregistrer, à les inscrire (eintragen) soit sur la déclaration des courtiers, intermédiaires obligés entre les contractants et la Caisse (1), — soit sur la déclaration des courtiers ou des contractants eux-mêmes (2). — C'est de cet enregistrement de la double déclaration de vente et d'achat par la Caisse que va résulter pour celle-ci l'obligation de garantie, d'où les *formalités minutieuses* dont est entourée cette inscription.

Prenons le cas le plus ordinaire, celui où l'enregistrement s'opère par l'intermédiaire des courtiers. Les marchés faits sur papier dûment timbré (3) sont passés par les contractants et signés par eux : ils restent déposés chez le courtier. Celui-ci, sur double déclaration écrite suivant une formule indiquée (4), — l'une déclaration de vente au nom du vendeur, l'autre déclaration d'achat au nom de l'acheteur, — adresse à la Caisse une demande d'enregistrement, signée pour approbation par les intéressés ou leurs mandataires, — les uns et les autres, comme nous le verrons, préalablement agréés par le Conseil d'administration de la Caisse.

Le seul fait pour le courtier qui présente une déclaration et le contractant qui la signe implique, — le Règlement de la Caisse du Havre le spécifie explicitement dans son article 5, — qu'ils ont connaissance du règlement et qu'ils en acceptent toutes les clauses et conditions : les déclarations des contrats à enregistrer doivent être faites sans détails ni conditions : les marchés restent soumis aux conditions de la Caisse sans qu'il puisse y être valablement apporté aucune modification : pour ce qui n'est pas prévu par les règlements, ces

---

(1) Roubaix, art. 3.
(2) Havre, art. 4, al. 3.
(3) Havre, art. 2, al. 4.
(4) Havre, art. 4. — Roubaix, art. 2, al. 4. — Hambourg, art. 8. — On emploie généralement un papier de couleur différente suivant qu'il s'agit d'une déclaration de vente ou d'achat.

DÉCLARATION DU COURTIER

A LA CAISSE DE LIQUIDATION

Monsieur............................ , courtier, a traité ce jour, suivant son marché n°........ , pour être enregistré par la Caisse de Liquidation aux conditions de ses règlements et aux conditions générales des affaires à terme,

(Quantité)   sacs sur   (Mois)   à fr. .... par 50 kilogr.

.... » .... » .... »

.... » .... » .... »

Café Santos good average

Courtier garant : M. ....

[1] Acheteur : M. ....

Signature ⎰ Bon à enregistrer.
ou griffe ⎱

Débit : ....

Crédit : ....

Inscrits sous contrats [2] Achat K n°ˢ ....

Le Havre, le ....

Signé :   (Le Courtier)

(La seconde Déclaration, celle de *Vente*, est identique. Seuls les mots [1] *Acheteur* et [2] *Achat* sont remplacés par ceux de *Vendeur, M*........, et *Vente*.

CAISSE DE LIQUIDATION DES AFFAIRES EN MARCHANDISES AU HAVRE

Société Anonyme — Capital 6,000,000 de francs

BULLETIN DE VENTE[1]

aux conditions des Règlements et Statuts   **CONTRAT CAFÉ K. N° I**
de la Caisse de Liquidation.

[2] Vendu par M. ....

Désignation de la marchandise et quantité : ....

Mois. . . . .

Prix par 50 kgr. . . . .

Suivant marché n° ....

de M. .... courtier

et sa déclaration du .... courant   Le Havre, ...

Le Contrôleur,   Le Courtier,   Le Directeur,

Déposit fait par le { Courtier
                     { Contractant

En compensation du contrat n° .... } Le déposit étant affecté en garantie du contrat de vente et du contrat d'achat indistinctement jusqu'à la liquidation totale.

Bon à liquider.	Liquidation n°	Timbre à 0,60 à compter. Sans timbre. [3] Retenue pour arbitres.

(Le second Bulletin, celui d'*Achat*, est identique : seuls les mots [1] *Vente*, [2] *Vendu*, sont remplacés par *Achat* et *Acheté*, et la [3] Retenue pour arbitres ne figure pas dans le Bon de Liquidation).

conditions se réfèrent aux conditions actuellement en vigueur sur la place (*Id.* Roubaix, art. 4, al. 2).

Mais ces déclarations des courtiers ne sont que des *propositions d'enregistrement* et n'engagent la Caisse en aucune façon : celle-ci ne garantit que les contrats dont elle a consenti l'enregistrement (1). La remise par la Caisse de *Bulletins d'enregistrement* en règle, — l'un bulletin de vente au nom du vendeur, l'autre bulletin d'achat au nom de l'acheteur, — constate seule que les affaires sont acceptées et enregistrées (2) : la garantie ne commence qu'avec la remise des bulletins de vente et d'achat (3), et cette remise n'aura lieu, — ce point important doit être indiqué dès ici même, mais nous y reviendrons plus en détail, — que *moyennant* et *après* le versement effectué à la Caisse d'un dépôt, *original déposit*, fourni à titre de couverture par chacun des deux contractants (4).

Ces deux bulletins, bulletin de vente et bulletin d'achat, sont indépendants l'un de l'autre, mais ne sauraient exister l'un sans l'autre : toute opération avec la Caisse, — le mécanisme lui-même l'exige, — doit comprendre une opération de vente et une opération d'achat simultanément déclarées et l'une ne saurait être enregistrée et garantie, l'autre ne l'étant pas (5). — Tous deux portent les mêmes mentions et numéros que le livre d'enregistrement ou d'entrée (*Eingansbuch*) de la Caisse, c'est-à-dire :

Un numéro d'ordre (6) (*Geschäftsnummer*) ;

------

(1) Havre, art. 4, al. 2.
(2) *Id.*, art. 2, al. 1, 3 ; Roubaix, art. 4 ; Hambourg, art. 9.
(3) *Id.*, Hambourg, *id.*
(4) Havre, art. 7 ; Roubaix, art. 8 ; Hambourg, art. 10.
(5) Havre, art. 2, al. 4.
(6) Les numéros *pairs* sont réservés aux acheteurs, les *impairs* aux vendeurs.

La date ;

Le nom des intéressés et des courtiers ;

La nature de la marchandise ;

Le mois de livraison ;

Le prix (1).

La délivrance de ces bulletins, signés par le directeur et le contrôleur (ou l'un des administrateurs) de la Caisse (2) se fait d'une façon pour ainsi dire *automatique* : c'est là un des caractères intéressants du mécanisme des Caisses de liquidation, caractère que nous retrouverons encore par la suite. On voit que rien n'est négligé pour donner aux opérations un caractère de précision rigoureuse. Le règlement du Havre est, sur ce point, très détaillé : celui de Roubaix-Tourcoing se borne à dire que les intéressés seront informés par lettres de l'inscription des ventes et achats dans les registres de la Société (3) ; mais nous avons vu, sur cette place, le même résultat de précise exactitude obtenu sous une forme un peu différente.

Voici la pratique du Havre : chaque soir à 5 h. 30, la Caisse de liquidation délivre à son bureau les Bulletins de toutes les affaires dont les déclarations lui sont parvenues jusqu'à 2 h. 30 le même jour et pour lesquelles les intéressés ont rempli les obligations prescrites. La non-remise d'un bulletin dans ce délai indique aux intéressés, *sans qu'il y ait lieu à aucun autre avis*, que l'affaire n'est pas en règle et que la responsabilité de la Caisse n'est pas engagée : la direction se tient

---

(1) Havre, art. 11, al. 3; Roubaix, art. 3 ; Hambourg, art. 10. En plus de ce livre d'entrée, livre-journal, où sont inscrites toutes les affaires, sans distinction des échéances, la Caisse tient un second livre, livre-échéancier, où sont inscrites dans l'ordre des dates, toutes les opérations faites sur une même époque. Le directeur possède ainsi, au début de chaque mois, la liste de toutes les affaires qui devront être liquidées dans le mois,

(2) Havre, art. 12 ; Roubaix, art. 4, al. 3.

(3) Roubaix, art. 4, al. 1.

alors à la disposition des contractants et des courtiers pour fournir toutes les explications.

Si par suite d'un encombrement *ou pour toutes autres raisons*, la Caisse de liquidation se trouvait obligée de changer l'heure de la remise des Bulletins, les intéressés en seraient informés par un *avis affiché* au Siège social et à la Bourse (1).

Tant que les déclarations ne sont point enregistrées, le *courtier peut les retirer* : elles restent tenues à sa disposition par la Caisse. « L'enregistrement fait, les déclarations ne peuvent plus être retirées » (2).

Le courtier remet alors les Bulletins de vente et d'achat revêtus de sa signature à chacun des deux contractants : ces Bulletins, spécifient les Règlements, sont nominatifs ; ils ne sont ni endossables ni transférables et ne confèrent de droits qu'au titulaire, sans pouvoir être l'objet d'aucune cession (3). *Nous verrons plus loin contre quels dangers est particulièrement dirigée cette disposition* (4).

b) Nature juridique de l'opération

D'où naissent les effets si énergiques produits par l'enregistrement des contrats : à la charge de la Caisse, obligation de satisfaire au double marché, — à la charge des contratants, obligation de se conformer à des prescriptions minutieuses, de verser, comme nous le verrons, déposit préalable et marges successives ? Quelle est la nature juridique exacte de l'opération ainsi intervenue entre les parties et la Caisse ?

---

(1) Havre, art. 11 ; à Hambourg (art. 8, al. 3) la pratique est la même : les heures seules sont changées.
(2) Havre, art. 11, *in fine.*
(3) Havre, art. 14 ; Roubaix, art. 4, al. 4.
(4) Voir page 54, note 1.

La question est un peu délicate ; elle a été controversée : les textes eux-mêmes ne contiennent pas d'indications décisives. — La marche la plus sûre, dans cette recherche, nous paraît être, de nous demander d'abord quelle est l'intention des parties, ce qu'elles ont voulu réaliser ou obtenir. Cette volonté nous étant une fois connue, il nous sera plus facile de déterminer quelle opération juridique a été précisément réalisée.

Or ici l'intention de l'acheteur, du vendeur qui s'adressent à la Caisse de liquidation pour obtenir l'enregistrement de leurs contrats paraît très nette. Ils veulent l'un et l'autre s'assurer une contre-partie d'une solvabilité certaine, d'une solidité qui ne leur laisse aucun doute sur la bonne exécution du marché à l'échéance : ils entendent s'assurer le droit de pouvoir s'adresser *directement* à la Caisse pour obtenir toute satisfaction du contrat, comme en retour, ils lui donnent sur eux-mêmes un droit identique : enfin et surtout, ils veulent, leurs obligations vis-à-vis de la Caisse une fois remplies, jouir d'une sécurité parfaite que ne puisse désormais venir troubler, — au cas, par exemple, où la Caisse serait mise hors d'état de faire face à ses engagements, — nulle poursuite née de la convention originaire, soit de la part du vendeur impayé, soit de la part de l'acheteur privé de sa marchandise. En un mot, l'enregistrement une fois opéré, les parties ne veulent plus se connaître, — comme aussi bien la faculté de la liquidation anticipée que l'une ou l'autre peut demander avant l'échéance, ne leur permet-elle plus de se connaître. — C'est avec la Caisse qu'elles ont entendu contracter. Dès lors, celle-ci se trouve constituée acheteur vis-à-vis du vendeur, vendeur vis-à-vis de l'acheteur ; c'est avec elle que chacune des parties doit liquider directement.

Cette intention précise des parties, — nettement affirmée

d'ailleurs par les praticiens eux-mêmes, clients et directeurs des Caisses de liquidation, — suffit à nous faire écarter dès l'abord deux idées : d'une part, celle suggérée, dit-on, par la rédaction des textes (1), d'après laquelle la Caisse, devenue *caution* de chacune des deux parties, leur garantirait réciproquement l'exécution du contrat (2) ; d'autre part, celle d'une *délégation imparfaite*, c'est-à-dire réalisée sans effet novatoire et qui laisse subsister les obligations qui pouvaient exister antérieurement entre les parties (3).

Restent deux hypothèses : ou bien il y a eu délégation, ou plus exactement une *double* délégation : le vendeur a délégué la Caisse de liquidation auprès de son acheteur pour lui livrer la marchandise, l'acheteur a délégué la Caisse auprès de son vendeur pour lui en acquitter le prix, — *délégation parfaite,* qui va faire table rase du passé, supprimer les obligations qui pouvaient exister antérieurement entre les parties pour mettre à leur place une obligation nouvelle, par changement de débiteur d'une part, de créancier d'autre part (4) ; — ou

---

(1) Hayem, *op. cit.*, p. 135.

(2) Voir Dunan, *op. cit.*, p. 192. La raison principale invoquée par M. Dunan pour écarter l'idée d'un cautionnement, raison tirée de l'intention des parties, est largement suffisante. Nul argument à tirer du *bénéfice de discussion* « traditionnellement réservé aux cautions », et dont la Caisse est privée (p. 194), les cautions pouvant parfaitement renoncer à leurs bénéfices.

(3) On pourrait également rapprocher la Caisse de liquidation du *commissionnaire ducroire* : comme lui, la Caisse se porte garant envers le contractant du paiement du prix ou de la livraison de la marchandise, et promet de lui en faire compte à tout événement, même si l'acheteur ne paie pas, si le vendeur ne livre pas : la commission perçue par la Caisse équivaudrait au *ducroire*, prime d'assurance touchée par le commissionnaire. Mais une différence bien nette les sépare : le commissionnaire est un *mandataire*, il doit notamment rendre compte et ne saurait se constituer le propre acheteur de la marchandise de son commettant ; la Caisse agit comme contractant, vendeur vis-à-vis de l'acheteur, acheteur vis-à-vis du vendeur : elle a pris l'opération pour son propre compte.

(4) Planiol, *Traité élémentaire de droit civil*, II, p. 178.

bien, il faut admettre que le lien de droit s'est formé *directe-ment* entre les parties et la Caisse : il faut voir dans les marchés conclus entre les parties, seulement un achat et une vente faits sous condition, — sous condition d'enregistrement, — dans les déclarations de vente et d'achat, seulement deux *offres* de vente et d'achat, que le courtier est chargé de communiquer simultanément à la Caisse de liquidation. Dans cette opinion, on devrait considérer le marché comme inexistant au cas où la Caisse refuserait l'enregistrement (1).

Il semble, en effet, découler de certaines circonstances que c'est bien directement avec la Caisse que vont traiter les parties et que jusqu'à l'enregistrement elles ne sont point tenues l'une envers l'autre. Pratiquement, un négociant donne à son courtier l'ordre de vendre, par l'intermédiaire de la Caisse, telle quantité de marchandises à un prix déterminé : le courtier, de son côté, trouve la contre-partie, un acheteur, et conclut l'affaire sans que le vendeur et l'acheteur aient été mis en contact; tous deux signent séparément les déclarations d'achat et de vente aux conditions du Règlement. Si nous prenons ensuite la formule des Bulletins d'achat et de vente délivrés par la Caisse, nous n'y voyons figurer qu'un seul

____

(1) Senn, *loc. cit.* ; — Lyon-Caen et Renault, *op. cit.*, III, p. 153 : « Le vendeur et l'acheteur ne se connaissent pas, ou tout au moins ne contractent pas ensemble. Chacun d'eux, de son côté, contracte avec la Caisse de liquidation, qui, tenue de payer le prix au vendeur, est obligée de livrer à l'acheteur. On ne saurait par conséquent dire que la Caisse se substitue au vendeur et à l'acheteur, et qu'il y a ainsi deux novations. En réalité, la Caisse intervient dans deux ventes et y joue deux rôles contraires. Elle se porte acheteur de celui qui veut vendre et vendeur de celui qui veut acheter. Chacun de son côté lui fait une proposition qu'elle accepte. L'avantage pour chacun est de n'avoir de relations qu'avec la Caisse elle-même. Aussi doit-on admettre que la Caisse de liquidation a, avec les modifications résultant des conventions, à l'égard de l'une des parties, les droits et les obligations d'un acheteur, à l'égard de l'autre, ceux d'un vendeur ».

nom, celui de l'acheteur sur le Bulletin d'achat, celui du vendeur sur le Bulletin de vente ; la seule contre-partie désignée est la Caisse. La suite des opérations viendrait encore, semble-t-il, fortifier cette opinion. Nous verrons, en effet, que si, à l'échéance, un vendeur veut livrer à la Caisse et lui transmet une filière, la Caisse va endosser cette filière et la passer à l'*un quelconque* de ses acheteurs, sans avoir à rechercher à quel achat correspond la vente ainsi exécutée, l'application des filières étant faite par la Caisse en suivant l'ordre d'inscription des acheteurs dans ses propres registres et tout acheteur étant tenu d'accepter une filière alimentant un contrat non liquidé effectivement (1). De même si un opérateur a vendu, puis acheté, sur le même mois de mêmes quantités et demande la liquidation anticipée en renvoyant simplement les bulletins de vente et d'achat liés, la compensation s'opère directement avec la Caisse quelles qu'aient été ses contre-parties (2).

Enfin, l'on peut dire, dernier argument en faveur de cette première opinion, que le *courtage*, rémunération de l'intermédiaire qui a rapproché les parties et fait conclure l'affaire, n'est dû qu'une fois l'enregistrement effectué, perçu par la Caisse elle-même et payé par elle au courtier.

Mais il faut voir cependant que l'idée d'une double *délégation*, produisant novation des obligations antérieures, suffit à expliquer également tous ces résultats, le premier point seul étant réservé ; et encore est-il des cas certains où il paraît impossible de dire qu'il n'y ait point eu, dès avant l'enregistrement, d'engagement réciproque des deux parties l'une envers l'autre, notamment lorsqu'il s'agit d'affaires à primes,

____

(1) Voir p. 78.
(2) Voir p. 72.

d'options ou facultés. Le droit d'option réservé au payeur de prime ou au preneur de faculté ne peut s'exercer qu'à l'égard de sa contre-partie au contrat, receveur de prime ou donneur de faculté (1) ; dans ce cas, la Caisse de liquidation se substitue aux parties dans leurs engagements réciproques une fois cette volonté exprimée, et ces contrats devenus fermes suivent la marche ordinaire des affaires à terme et sont liquidées conformément au Règlement. D'autre part, les textes des Règlements eux-mêmes semblent bien admettre qu'il y ait, dès avant l'enregistrement, quelque chose de plus que de simples offres de vente et d'achat simultanées. Le Règlement du Havre notamment parle du « contrat qui résulte d'un marché fait sur papier dûment timbré, signé par les contractants », contrat antérieur à la double déclaration et dont le courtier reste dépositaire quand l'opération a lieu par son intermédiaire (2). Et le cas est prévu où « les *contractants*, qui déclarent un contrat, présentent simultanément la déclaration du vendeur et celle de l'acheteur, accompagnées d'un marché, dûment timbré, signé par eux, qui reste déposé à la Caisse de liquidation après l'enregistrement » (3). Enfin l'article 5 du Règlement du Havre, l'article 12 de celui de Roubaix-Tourcoing (4), non moins que

---

(1) Hayem, *loc. cit.*, p. 135.

(2) Havre, art. 2, al. 4, et art. 4, al. 5.

(3) *Id.*, art. 5, al. 6.

(4) *Id.*, art. 5 : « Le contractant et le courtier qui présentent une déclaration reconnaissent par ce seul fait qu'ils ont connaissance des Règlements de la Caisse de liquidation ; *ils déclarent en accepter toutes les clauses et conditions et s'y soumettre dans leur entier sans que des conditions autres, stipulées par les marchés, puissent y faire modification ou novation* ». Et Roubaix, art. 12 : « L'intéressé dans une opération par le seul fait d'avoir apposé sa signature au bas de la demande d'inscription est réputé avoir pris connaissance et s'engager à en respecter toutes les clauses et conditions ».

la formule même des déclarations de vente ou d'achat remises
à la Caisse : « le soussigné a acheté (vendu) pour être enregistré à la Caisse de liquidation à laquelle il reconnaît tous les
droits du vendeur (acheteur) et aux conditions de ses règlements... » impliquent nettement, à notre sens, et l'existence
d'une convention primitive et sa destruction et son remplacement par deux nouveaux contrats dans chacun desquels la
Caisse joue un rôle inverse et se trouve *substituée* au vendeur
vis-à-vis de l'acheteur, à l'acheteur vis-à-vis du vendeur : il
y a eu délégation novatoire (1).

Un pur intérêt doctrinal s'attache d'ailleurs au choix à faire
entre ces deux dernières solutions. L'intérêt pratique, — à
savoir si, au cas où la Caisse ne serait pas à même d'exécuter
ses obligations, les parties pourront s'adresser l'une à l'autre,
si elles possèdent l'une contre l'autre une action pour la livraison de la marchandise ou le paiement du prix convenu, — a
disparu du fait même qu'ont été écartées l'idée d'un cautionnement et l'idée d'une délégation imparfaite qui seules per-
mettaient aux parties d'exercer, l'une contre l'autre, une action
soit principale, soit subsidiaire. Des deux solutions qui lais-
saient intacte la volonté des parties, nous avons dû adopter la
plus conforme à la nature même des choses (2).

---

(1) Contrairement à ce qui se passe dans la circulation des filières, quand,
au vendeur A qui se présente chez son acheteur B pour toucher son prix,
B désigne son propre acheteur C, etc..., là encore il y a délégation, mais délégation *imparfaite* et qui laisse subsister contre B un recours subsidiaire : cette
différence est d'ailleurs parfaitement logique (Voir chapitre II, page 68).

(2) On pourrait objecter que d'après l'art. 1275 C. c. « la délégation faite
par un débiteur à son créancier n'opère point novation si le créancier n'a
expressément déclaré qu'il entendait décharger son débiteur qui a fait la
délégation ». Mais outre que ce texte est fortement critiqué par les civilistes
eux-mêmes comme contradictoire avec l'art. 1273 qui se contente pour qu'il y
ait novation « d'une volonté résultant clairement de l'acte », comme reposant
sur une fausse interprétation de Pothier à qui il a été emprunté, — outre que

§ III. — Une fois ainsi expliquées la notion de la garantie offerte par la Caisse de liquidation aux opérateurs à terme sur marchandises, — les conditions formelles (enregistrement des contrats) exigées par les règlements, d'où va naître pour la Caisse l'obligation de garantie, — enfin, la nature juridique de cette obligation, — il nous faut étudier, — et c'est là, avons-nous dit, le point délicat du mécanisme, — « les raisons qui permettent à l'engagement pris par la Caisse d'équivaloir à une complète certitude d'exécution », autrement dit, les *procédés techniques* qui vont assurer la réalité, l'efficacité de cet engagement.

Il ne suffit pas, en effet, — comme nous avons fait jusqu'ici, — d'affirmer que les opérateurs vont trouver dans la Caisse de liquidation une contre-partie d'une solvabilité assurée : encore doit-on montrer que cette solvabilité est chose certaine, permanente et stable, et pour cela, il nous faut établir comment la Caisse de liquidation, qui assume ainsi la responsabilité de garantir les contrats et prend à sa charge tous les risques, *parvient à se garantir elle-même contre ces risques.*

A l'analyse, on s'aperçoit que les risques contre lesquels la Caisse de liquidation doit se garantir sont de deux sortes :

A) Prenant à son compte, comme nous l'avons vu, toutes les opérations enregistrées, elle court d'abord, semble-t-il, *les risques inhérents à toute opération à terme elle-même,* — ceux auxquels tout spéculateur à terme est exposé et qui découlent de toute variation dans les cours précisément con-

---

la jurisprudence admet volontiers une manifestation implicite de la volonté de nover, — on déclare, à bon droit, l'art. 1275 inapplicable en droit commercial : « la déclaration formelle n'est pas indispensable, elle résulte de l'intention des parties, du jeu symétrique de la convention prise en ses éléments contraires » (Planiol, *loc. cit.* ; Thaller, *op. cit.*, n° 623).

traire aux prévisions ayant déterminé le sens de la spéculation, hausse ou baisse.

B) Elle court, en second lieu, *les risques provenant de l'insolvabilité possible,* au terme de l'échéance, de l'une ou l'autre des parties qui ont traité avec elle.

Examinons dans le détail comment la Caisse de liquidation se garantit contre ces deux sortes de risques.

A) Contre les risques de la première catégorie, — *ceux inhérents à toute opération à terme,* — il n'existe point à proprement parler de système spécial de garantie. Le principe même sur lequel reposent les Caisses de liquidation, l'ensemble du mécanisme, doivent les garantir contre tout risque de ce genre, sans qu'il soit même besoin d'aller puiser dans la *forme* de ces institutions, l'importance de leur *capital* ou l'accumulation de leurs *réserves,* des preuves, — toujours relatives d'ailleurs, — de leur solidité (1).

La Caisse de liquidation, en effet, ne spécule pas pour son propre compte. Elle n'intervient pas sur le marché, avons-nous vu, pour la conclusion des affaires : elle se borne à les *enregistrer* et ces contrats qu'elle enregistre comprennent forcément une opération de vente et une opération d'achat, et dont l'une ne peut être enregistrée et garantie, l'autre ne l'étant pas.

Prenant ainsi à son compte autant d'achats que de ventes,

____

(1) V. chapitre III. — Dans une lettre célèbre, le comte Mollien disait qu'une banque de circulation qui restait fidèle aux principes et aux règles de prudence qui doivent la régir ne devait pas éprouver de pertes, et il en concluait que le capital étant justement un fonds d'assurance contre les pertes, une banque de circulation pouvait se passer de capital. Ce paradoxe de théoricien se trouve être beaucoup plus conforme à la réalité appliqué à ces banques spéciales que sont les Caisses de liquidation : l'*automatisme* du système paraît devoir suffire à les garantir contre les pertes.

aux mêmes échéances et aux mêmes prix, la Caisse se trouve donc complètement désintéressée dans le niveau et dans les variations des cours : *elle est toujours à couvert ;* une vente correspond toujours pour elle à un achat de même quantité et de même prix ; les chances, bonnes ou mauvaises, de l'une des deux opérations sont exactement compensées par les chances précisément opposées de l'autre opération : le résultat, gain ou perte, est et doit être nul.

De ce côté, une sécurité complète paraît donc assurée aux Caisses de liquidation, pourvu qu'elles restent fidèles à leur principe directeur, posé explicitement ou non, par tous les règlements ; ne point faire d'opérations pour leur propre compte, se borner à garantir les contrats enregistrés, ne point enregistrer une opération de vente ou d'achat sans l'opération d'achat ou de vente correspondante.

B) Ainsi la Caisse de liquidation court seulement *les risques provenant des insolvabilités ;* or, contre ces risques se dressent tout un système de précautions, toute une série de mesures que nous pouvons classer en deux catégories :

1° La première comprend un ensemble de précautions *générales*, extérieures et préalables pour ainsi dire, à chaque opération déterminée : les courtiers et les opérateurs désireux de traiter avec la Caisse, devront remplir certaines conditions, être *agréés* préalablement par le Conseil d'administration.

2° La seconde catégorie comprend des mesures d'un caractère plus spécial, plus *technique*, qui vont s'appliquer à chaque opération déterminée et d'une façon proprement *automatique* : c'est le système des *déposits* et des *marges*.

1) Et tout d'abord, — soit que l'inscription des contrats se fasse par l'intermédiaire obligé de courtiers, comme à Rou-

baix et à Hambourg, soit que les propositions d'enregistrement puissent être présentées ou bien par des courtiers, ou
bien directement par les contractants eux-mêmes, comme
au Havre, — la Caisse n'enregistre et ne garantit que les
contrats des seuls clients *agréés* par elle : L'inscription est faite
par l'intermédiaire obligé des courtiers assermentés agréés
par la Caisse de liquidation pour le compte des maisons
également agréées par elle (1). — « La Société garantit les
contrats qui lui sont présentés par l'intermédiaire de personnes
agréées (*zugelassenen*) comme courtiers » (2). — « Le contractant doit être agréé par le Conseil d'administration... (3). Le
courtier, pour avoir la faculté de présenter des déclarations,
doit être agréé par le Conseil d'administration qui fixe les
conditions de cette admission et peut toujours en suspendre
ou annuler les effets » (4).

Ainsi donc, le premier venu ne saurait venir traiter avec la
Caisse, même moyennant le dépôt d'une *couverture*, ainsi
qu'il peut faire avec un agent de change à la Bourse des valeurs : pour devenir adhérents de la Caisse, courtiers et particuliers doivent d'abord remplir certaines conditions ; le
Conseil d'administration décide ensuite, *en toute liberté*, sur
leur admission.

a) *Courtiers*. — « Le courtier doit être agréé par le Conseil
d'administration... ». Le règlement de la Caisse du Havre
ne contient pas d'autres indications relatives à l'admission des
courtiers : il n'est point posé de conditions générales, à remplir par eux, préalables à la décision du Conseil d'administration : notamment, le règlement n'exige pas que le courtier

____

(1) Roubaix-Tourcoing, art. 2 et 3.
(2) Hambourg, § 1.
(3) Havre, art. 4.
(4) *Id*. art. 4, al. 4.

prenne l'engagement de ne point traiter d'affaires pour son compte personnel, et le cas est prévu où le courtier, opérant à titre de contractant, présente des déclarations à son nom, comme acheteur ou vendeur (1).

A Roubaix-Tourcoing, où l'enregistrement des affaires se fait obligatoirement par l'intermédiaire des seuls courtiers-jurés (ou courtiers assermentés), ceux-ci doivent, en outre, pour être admis, satisfaire à diverses conditions, détaillées dans l'article 30 du règlement :

1° Adresser une demande au président du Conseil d'administration de la Caisse de liquidation à l'effet d'être agréés ;

2° Etre propriétaires au moins de deux actions de la Société et en effectuer le dépôt à la Caisse de liquidation et de garantie ;

3° Ne pas traiter d'affaires pour leur compte personnel ;

4° Prendre l'engagement de donner leur concours pour assurer le service régulier de la fixation des cotes officielles aux Bourses de Roubaix et de Tourcoing, — plus certaines prescriptions de détail (2).

Le Conseil d'administration est investi du pouvoir absolu d'infliger aux courtiers-jurés agréés des pénalités pour infraction au Règlement. Ces peines disciplinaires sont :

1° La réprimande.

2° La suspension plus ou moins prolongée du droit de faire inscrire des opérations à la Caisse (minimum 15 jours).

3° La radiation (3).

A Hambourg (4), l'admission des courtiers à la Waaren-

---

(1) Havre, art. 4, *in fine*.
(2) Roubaix, art. 32.
(3) Roubaix, art. 31.
(4) Hambourg, art. 4 et 5 : *Aufnahmen der Makler und deren allgemeine Verpflichtungen.*

liquidations-Casse est prononcée par le président de l'Association des négociants en café (« *Verein der am Caffeehandel betheiligten Firmen* »). Ils doivent prendre l'engagement de se soumettre aux conditions du Règlement de la Caisse.

B. *Particuliers.* — De plus, à Hambourg, les courtiers ne peuvent proposer l'enregistrement des affaires que des négociants *domiciliés* à Hambourg, sinon — et encore ceci seulement en tant qu'il s'agit de particuliers ou de firmes domiciliés dans un certain rayon (*in einem Hamburg benachbarten Orte ansässigen*), — ils doivent se porter eux-mêmes comme contractants (1). Enfin, courtiers et particuliers doivent être inscrits sur le *Registre de Bourse* pour les marchandises (2).

---

(1) Hambourg, § 5, *in fine.*

(2) *Id.*, § 2, 5. On sait que pour éliminer les joueurs et, d'autre part, pour donner aux marchés à terme une base plus solide en excluant l'exception de jeu dont la jurisprudence faisait, avant la loi, un emploi abusif dans tous les marchés différentiels, le *Börsengesetz* du 22 juin 1896, a, entre autres innovations, créé le Registre de Bourse (*Börsenregister*), art. 54-69. Près de chaque tribunal compétent pour la tenue du registre de commerce, il est ouvert un registre de Bourse pour les marchandises et pour les valeurs. Sur ce registre — public, — sont inscrits les noms, prénoms, professions et domiciles des personnes qui désirent faire des affaires de bourse à terme sur les marchandises ou les titres. Avant l'inscription, les intéressés doivent acquitter un droit d'enregistrement de 150 marks et chaque année suivante un droit de maintenue de 25 marks. L'article 66 pose la sanction : « N'est pas reconnue comme constituant une dette valable toute opération de bourse à terme concernant une branche d'affaires pour laquelle les deux parties n'étaient pas inscrites sur le Registre de Bourse au moment de la conclusion du marché ». — L'échec de cette innovation a, d'ailleurs, été presque complet : si, à Hambourg, le nombre des inscrits sur le Registre de Bourse a été plus grand que dans toutes les autres villes d'Allemagne (plus des trois quarts du chiffre total) cela tient précisément à ce que la Caisse de liquidation a exigé l'inscription de ses clients. Il est vrai qu'à Leipzig, la Caisse a posé la même exigence et que cependant les mandants ne se sont jamais fait inscrire. — V. Karl Piekenbrock, *La loi allemande sur les Bourses du 22 juin 1896 et ses effets*, thèse, Lausanne, 1905, p. 99, 132 ; Edgard Depitre, *Le mouvement de concentration dans les Banques allemandes*, thèse, Paris, 1905, p. 87, sq.

L'ancien Règlement de Roubaix-Tourcoing portait simplement que la Caisse n'enregistrait les contrats que des seules maisons agréées par elle et dans la limite des crédits fixés par le Conseil d'Administration (art. 2). Le nouveau Règlement, en vigueur depuis le 1er février 1906, est beaucoup plus explicite. « Toute personne *domiciliée* à Roubaix ou à Tourcoing qui veut opérer sur le marché à terme par l'entremise de la Caisse de liquidation et de garantie, doit adresser préalablement une demande à l'effet d'être agréée par le Conseil d'Administration et de faire fixer les limites de son crédit. De plus, pour être admise, *elle doit appartenir soit au commerce, soit à l'industrie de la laine.*

« Seuls les clients *reporteurs* ne sont pas tenus de justifier de cette qualité. Les maisons de Banque admises au marché à terme ne seront reçues à l'inscription que pour les *reports*. Elles seront obligées, en dehors des reports, de déclarer le jour même de l'opération, à la Caisse de liquidation, à chaque opération de vente ou d'achat, le nom de la personne pour laquelle elles opèrent.

« Quant aux maisons établies en France en dehors de Roubaix-Tourcoing ou celles qui ont leur siège social à l'étranger, elles doivent pour être reçues en leur demande d'admission, les premières avoir à Roubaix ou à Tourcoing soit une succursale, soit un représentant accrédité ayant tous pouvoirs, — les secondes, produire, de plus, une garantie de perte d'un tiers solvable domicilié en France.

« Enfin, dans aucun cas, les associés d'une maison de commerce ou d'industrie ne peuvent faire inscrire d'affaires sous leur nom ou pour leur compte personnel (1) ».

En même temps que la Caisse inscrit un client sur ses

____

(1) Roubaix, art. 2.

registres, le Conseil d'Administration fixe un chiffre maximum que ce client ne pourra dépasser (1). Ce maximum est calculé d'après le capital de la maison, son chiffre d'affaires ; le but de ce *classement des crédits* est double : c'est une garantie pour la Caisse ; la limite fixée par le conseil une fois atteinte, elle refusera toutes nouvelles inscriptions ou bien demandera des garanties supplémentaires (élévation du déposit original) ; — en second lieu, c'est comme une barrière qui, assez éloignée pour permettre au client toutes les opérations utiles, l'empêche cependant de servir d'intermédiaire et de prête-nom à des joueurs étrangers au commerce ou à l'industrie de la laine.

Le Règlement du Havre porte que le contractant doit être domicilié et patenté au Havre. Il doit être agréé par le Conseil d'Administration qui peut toujours revenir sur l'admission et en suspendre ou annuler les effets (2).

Cette disposition peut sembler, théoriquement, suffisante. Quelles que soient, en effet, les conditions posées et remplies, la Caisse garde *intact son droit absolu de choisir ses clients* : elle est seule juge des garanties de moralité, de solidité commerciales qu'elle croit devoir exiger de ceux qui voudront traiter avec elle. « Nous ne voulons pas être une maison de jeu, disait le directeur de la Caisse de liquidation du Havre, M. Laude. Nous n'admettrions pas par exemple un ferblantier, sous prétexte qu'il est *domicilié* et *patenté au Havre* ; nous savons bien, en effet, qu'il n'a rien à faire ici. Nous admettons, au contraire, un industriel, un commerçant, un armateur, parce que nous pouvons lui rendre service pour ses affaires, parce qu'il a réellement besoin de nous » (3). Nous aurons à examiner plus loin les résultats économiques

---

(1) Roubaix, art. 7.
(2) Havre, art. 3.
(3) Cité par M. Paul de Rousiers, *Revue de Paris*, 1ᵉʳ novembre 1903.

de cette tentative d'assainissement du marché à terme. Pour
le moment, nous devons nous borner à constater que ces
précautions générales, préalables à toute opération, constituent déjà un système de garanties assez sérieuses, pourvu
toutefois que l'administration de la Caisse soit active et vigi-
lante et ne se laisse point entraîner par le désir de voir gros-
sir, au détriment de sa sécurité, le nombre de ses adhérents.
A ce premier système de garantie, va d'ailleurs se superposer
toute une série de mesures plus précises, plus techniques, —
les *déposits* et les *marges*, — qui vont s'appliquer, pour
chaque opération déterminée, avec une rigueur toute mathématique.

2) Les raisons qui commandent ce système sont très
simples et tout à fait nettes : elles ne laissent place à aucune
hésitation sur le choix des moyens de garantie à employer.

A) D'une part, en effet, les affaires en marchandises se
traitent pour des délais qui sont souvent fort longs : trois
mois, six mois, dix mois, une année et même davantage : la
situation d'une maison avec laquelle on a traité peut donc se
trouver complètement modifiée pendant ce laps de temps. —
Pour se garantir contre l'insolvabilité possible au terme de
l'échéance de l'une ou l'autre des parties qui ont traité avec
elle, la Caisse de liquidation va exiger, au moment de l'inscription des contrats, le versement d'une couverture, *original
déposit*, qu'effectuera chacun des deux contractants, à titre
de garantie spéciale pour l'opération.

B) D'autre part, sur les marchandises traitées à terme, —
et le plus souvent sur de très grandes quantités, — les variations de cours, hausse ou baisse, sont parfois considérables
et soudaines. — Si les variations des cours menacent de
rendre la couverture insuffisante, la Caisse de liquidation exi-

gera un nouveau versement, appelé *marge*, qui viendra compenser exactement cette variation de cours : si ce versement n'est pas effectué dans les délais fixés, la Caisse liquide d'office l'opération ; elle exécute le contractant qui fait défaut.

Telle est l'idée générale du système. Il nous faut maintenant l'exposer plus en détail. Aussi bien, certaines Caisses présentent-elles des particularités intéressantes.

A) **Original Déposit**

a) Nécessité. — « L'inscription d'une opération n'est valablement faite que moyennant et après versement à la Caisse de liquidation et de garantie par chaque intéressé, vendeur et acheteur, d'un *déposit* en espèces affecté à la garantie de l'opération » (Roubaix, article 8) — « L'enregistrement d'un contrat n'est valablement fait que moyennant et après le versement effectué à la Caisse de liquidation d'un *original déposit* fourni par chacun des deux contractants à titre de garantie pour l'ensemble de ses opérations » (Havre, article 7) (1).

Ainsi le versement du déposit est la condition même de l'enregistrement de l'opération, d'où va naître pour la Caisse l'obligation de garantie : il est exigé *pour chaque affaire déterminée* et doit être versé *par chacun des deux contractants* ; cette dernière condition est considérée comme indivisible dans son exécution : le défaut par l'acheteur, par

---

(1) Hambourg, art. 9. al. 1 : « Zugleich mit der Uebergabe der Schlussnoten an die Gesellschaft hat jeder der beiden contrahenten zur Sicherung für die der Gesellschaft (auf grund der für ihn zu übernehmenden Garantie) ihm gegenüber etwa ervachsenden Ansprüche den durch Anschlag in den Geschäftslocalitäten festgestellten Einschuss zu hinterlegen », et art. 10 : « Nach Erledigung der Einschuss-Verpflichtung erfolgt die Eintratung der contractes in das Eingangsbuch der Gesellschaft ».

exemple, de verser le déposit, motivera aussi bien vis-à-vis du vendeur qui l'a versé que de l'acheteur lui-même, le refus d'enregistrement. Sinon la Caisse se trouverait à découvert du côté de l'acheteur, et elle ne doit jamais être à découvert.

b) Rôle. — Le déposit est la couverture des risques provenant de la non-exécution du contrat par l'une des parties et des menus frais de la Caisse. Mais il faut bien voir aussi que le déposit n'est point seulement affecté à la garantie *spéciale* de l'opération à l'occasion de laquelle il est versé, comme pourraient le faire croire pourtant les termes mêmes du Règlement de Roubaix-Tourcoing (article 8 cité). Cet article doit être complété par d'autres dispositions, celles de l'article 11 : « la compensation s'opère de plein droit entre les soldes débiteurs et les soldes créditeurs des diverses liquidations qui forment garantie réciproque entre elles ». Chacun des déposits effectués va nous apparaître ainsi comme venant en garantie de *l'ensemble des opérations* du contractant. Le Règlement du Havre le dit d'ailleurs expressément, article 7 cité et article 10 : « L'original déposit est affecté à la garantie de l'ensemble des opérations déclarées et enregistrées pour le compte du déposant. Il sert de cautionnement pour l'exécution des conditions établies par le Règlement et pour la bonne liquidation finale ».

Mais cette affectation de chacun des déposits versés à la garantie de l'ensemble des opérations est-elle bien régulière ?

Le déposit ne devrait-il point être considéré comme seulement la garantie particulière de l'opération déterminée à l'occasion de laquelle il est effectué ?

En aucune façon, croyons-nous. On pourrait d'abord, semble-t-il, assimiler le déposit à la couverture que, dans le marché à terme, à la Bourse des valeurs, peut exiger l'agent de change de son client ; or, « la jurisprudence considère la couverture, dans les rapports du client et de son agent, non comme un gage ou un nantissement, mais comme un *paiement anticipé de l'opération*; c'est ainsi que, lorsque la couverture consiste en valeurs, l'agent de change peut les aliéner d'office et s'en appliquer le prix faute de livraison ou de paiement à l'échéance par le donneur d'ordres » (1).

Mais on ne saurait dire que le paiement anticipé d'une opération serve de garantie à un ensemble d'autres opérations concomitantes. De plus, cette explication ne convient qu'au déposit et ne saurait s'appliquer aux marges et autres versements résultant d'un contrat quelconque qui, nous le verrons, sont également « de plein droit acquis à la Caisse de liquidation en couverture et paiement des pertes produites ou pouvant être données par les autres contrats ou opérations ». Il nous faut donc trouver une explication qui procède plus directement de la technique des Caisses de liquidation : elle résulte de ce que « de convention expresse et absolue, toutes les opérations faites pour le compte d'un contractant, contrats de vente ou d'achat enregistrés, avances sur titres, marchandises ou warrants, déposits versés, primes, marges payées ou dues, etc., figurent au *compte courant* qui lui est ouvert et sont solidaires les unes des autres, de sorte qu'elles forment garantie réciproque et que toutes sommes résultant d'un renouvellement, de la réalisation, de la liquidation ou de report des uns et des autres, sont de plein droit acquises à la Caisse de liquidation en couverture ou paiement des pertes produites ou pouvant être données par les autres contrats, opérations de réalisation, etc.

« De même tout solde créditeur de compte ouvert au contractant est acquis à la Caisse de liquidation jusqu'à complet

---

(1) Thaller, *op. cit.*, p. 483.

paiement des sommes qui peuvent lui être dues à un titre quelconque par le contractant. Celui-ci et les tiers ne peuvent exercer de prétention *que sur le solde définitif du compte courant*, s'il y a lieu et même en cas de liquidation judiciaire ou de faillite il ne peut être fait aucune dérogation à la présente convention librement acceptée par les parties » (1).

Ce sont donc les règles du *compte courant*, — *contrat sui generis*, — qui vont s'appliquer ici, telles qu'elles ont été dégagées par la jurisprudence (2), et telles qu'elles résultent de la convention des parties.

Or le compte courant « n'est pas le groupement par addition ou le retranchement par compensation de créances d'origines diverses. Les opérations qui y sont portées perdent leur condition première ; comme si elles étaient fondues dans un creuset, elles viennent se combiner dans un contrat nouveau » (3) ; et la *compénétration* des articles de ce contrat est telle qu'on a pu dire qu'il ne créait qu'*une seule dette*, « celle qui résultera du solde de la balance des opérations (cpr. Règlement du Havre, art. 1ᵉʳ, al. 4 ; Roubaix, art. 10,

---

(1) Havre, art. 1ᵉʳ, al. 3 et 4. — L'ancien Règlement de Roubaix était moins explicite : l'emploi du *compte courant* n'y était indiqué que par le passage de l'art. 10 (ancien art. 13) cité au texte, et par l'article 24, 4° : « La Caisse de liquidation fait à ses clients des avances sur titres et le produit de ces avances est porté au débit de leur *compte courant* ». Le nouveau Règlement est un peu plus détaillé : « Art. 10 : Les déposits et marges sont passés au compte courant du contractant de même que ses autres dépôts de provision, comme aussi les soldes actifs ou passifs de ses bordereaux et tous débours, tels que frais d'expertise ou autres, se référant à ses opérations.

Le solde à résulter du compte est entièrement affecté à la garantie de l'ensemble des opérations tel qu'il ressortira de la liquidation finale desdites opérations. — Hambourg, § 9, al. 3 : « Jedem der mit der Gesellschaft in geschäftliche Verbindung tritt wird ein *Conto* bei der Gesellschaft eröffnet ».

(2) Voir la lumineuse analyse qu'en fait M. Thaller, *op. cit.*, p. 798-813.

(3) Thaller, p. 803.

al. 3). Entre temps, il n'y a entre les parties que des articles de crédit et de débit » (1).

En l'espèce, le *déposit* comme toute autre créance (marge versée, primes...) entrée dans le compte, se démarque pour ainsi dire, disparaît pour devenir article de crédit et pour concourir au solde éventuel, prestation unique du compte : ainsi peut-on dire en toute rigueur, que chacun des déposits effectués vient en garantie de l'ensemble des opérations.

c) Versement du déposit. — L'original déposit doit être versé en *espèces* à la Caisse de la Société. Toutefois il peut être couvert, dans des conditions à déterminer par le Conseil d'administration, par la remise de titres, récépissés-warrants, marchandises, valeurs, etc... (2).

Dans ce cas et si ces titres ou valeurs sont nominatifs, il y est joint une déclaration de transfert et d'affectation spéciale en garantie permettant au Conseil d'administration de les vendre si le titulaire ne satisfait point à ses obligations. La Caisse de liquidation se réserve également le droit de négocier les warrants et valeurs commerciales et de déposer, à ses frais, les titres à la Banque de France, soit au compte de dépôt, soit au compte d'avances sur titres, et le cédant s'engage à accorder en tous cas le temps nécessaire pour les retirer (3).

------

(1) Thaller, p. 800 ; Havre, art. 20, al. 1. « Tous les contrats et opérations au nom du même contractant sont portés à son compte courant et sont indivisibles ».

(2) Havre, art. 8; Roubaix, ancien art. 10; Hambourg, art. 9 : « Die Einschüsse können in baarem Gelde oder durch Hingabe anderer, von der Gesellschaft genehmigter Sicherheiten geleistet werden ».

(3) Havre, art. 8, al. 2; Roubaix, ancien art. 26, 4°. Le nouveau Règlement de Roubaix-Tourcoing est sur ce point plus restrictif que l'ancien : l'obligation de verser le déposit en *espèces* est formelle (V. art. 8, 10). Mais il faut se garder de voir dans la prescription nouvelle une aggravation des

Pratiquement, les contractants ne viendront pas, pour chaque affaire conclue, opérer à la Caisse le versement du dépôsit, soit en espèces, soit en titres ou valeurs : ils ont, avons-nous vu, un *compte courant* ouvert à la Caisse de liquidation et le seul fait de la signature des déclarations de vente ou d'achat, autorise la Caisse à prélever sur le crédit disponible de ce compte les sommes qui peuvent être dues à titre de dépôsit (1).

La Caisse de liquidation du Havre admet le cas où l'original déposit peut être remplacé par un engagement de *caution solidaire*, à la satisfaction du Conseil d'administration (2). Cette particularité mérite d'être signalée à cause de son intérêt pratique et des conséquences ingénieuses qu'on a pu en tirer au point de vue des facilités de développement des Caisses de liquidation (3) : nous aurons à y revenir dans notre seconde partie. Il est bien spécifié, d'ailleurs, qu'au cas où il aurait été sursis au versement du déposit garanti par une caution solidaire, le Conseil d'administration conserve le droit d'en pouvoir, à toute époque, exiger le versement immédiat, tant de la caution solidaire que de l'obligé principal.

---

charges des opérateurs et c'est à leur demande, nous a-t-il été dit fort obligeamment, que la Caisse de liquidation a cessé de faire des avances sur titres. En effet, les conditions de la Caisse étaient assez onéreuses pour un client qui n'opérait point très fréquemment et dont la couverture n'était point absorbée par les mouvements de déposit et de marges (Cf. ancien art. 26, 4° : la Caisse de liquidation fait à ses clients des avances sur titres... elle perçoit un intérêt représentant la différence entre le taux des avances que la Banque de France prélève en pareille circonstance et celui servi dans le cas des dépôts espèces). Les opérateurs trouvent chez leurs propres banquiers des conditions plus douces, ils effectuent en *espèces* les divers paiements et la comptabilité de la Caisse se trouve simplifiée.

(1) « L'original déposit est prélevé sur le compte courant si celui-ci est suffisamment créditeur ». Havre, *art. cit.*

(2) Havre, art. 8.

(3) *Réforme Economique*, 1ᵉʳ octobre 1905.

Il reste enfin à signaler un cas où la garantie du dépôt se fait encore de façon toute particulière, — plus exactement même, le seul cas où il n'y a pas de dépôt à proprement parler ni en espèces, ni en titres ou valeurs diverses. La Caisse de liquidation, en effet, dit l'article 21 du Règlement du Havre, peut accepter, à titre provisoire, un contrat d'achat en garantie d'un contrat de vente, ou *vice versa*, dans la forme dite « *de jumelage* », sous la condition que les prix en soient nivelés. En ce cas, l'un des deux contrats ne peut être liquidé avant que l'autre ne soit ramené à la règle ordinaire par le versement du dépôt.

Si les deux contrats ainsi jumelés sont sur le même mois, la Caisse de liquidation *peut ne pas retenir de déposit*. Si les deux contrats sont sur deux mois différents, *un seul déposit* est retenu jusqu'à la liquidation totale des deux affaires qu'il garantit indistinctement.

Ces facilités d'ailleurs sont facultatives pour la Caisse de liquidation (1) : elles n'infirment en rien son droit d'appliquer strictement le Règlement et d'appeler à tout moment pour chacun des contrats jumelés le déposit dû qui, dans ce cas, est celui qui est en vigueur au jour de l'appel.

A Hambourg, enfin, « le comité directeur est *autorisé* à écarter l'appel de marges quand le vendeur prouve, d'une façon digne de foi, qu'il est en mesure de livrer immédiatement la marchandise vendue. Lorsque le vendeur dépose un warrant endossé ou un connaissement endossé, sur une marchandise propre à l'exécution d'un marché correspondant, le comité directeur est *obligé* d'écarter l'appel de marges », (art. 12). Mais nous verrons plus loin les abus que cette disposition a rendu possibles.

---

(1) Havre, art. **21**, al. **3**.

d) Taux du déposit. Unité d'opérations. — Quel est le taux, le montant du déposit versé ? — Le déposit — couverture des risques provenant de la non-exécution du contrat et des menus frais de la Caisse, — est calculé, *en principe*, d'une façon invariable, en tenant compte, tant de ces frais, faciles à déterminer d'une façon générale, que de la valeur de la marchandise engagée et des variations moyennes des cours. Ces différents éléments devront être fixés d'une manière suffisante, voire même assez élevée : nous en verrons les raisons (1) : le système des *marges* viendra par la suite compenser toute variation dans les cours, causant une perte par rapport au prix initial du contrat.

Au Havre, l'original déposit que doit fournir chacun des deux contractants ne peut pas être inférieur à neuf francs par balle de coton, deux francs cinquante centimes par sac de café, huit francs par tierçon de saindoux, vingt-cinq francs par balle de laine, cent francs par tonne de cuivre, cinquante francs par caisse d'indigo, quatre francs par sac de poivre et cinq francs par sac de cacao (2).

D'autre part, l'unité de contrat adoptée par la Caisse de liquidation est : pour le coton, 11,000 kilog. nets, soit environ 50 balles; pour le saindoux, 7,500 kilog. nets, soit environ 50 tierçons; pour le café, 30,000 kilog. bruts et 29,400 kilog. nets, soit environ 500 sacs; pour la laine, 10,000 kilog. nets, soit environ 25 balles; pour le cuivre, 25 tonnes; pour l'indigo, 1,300 kilog. nets, soit environ 10 caisses; pour le poivre, 6,000 kilog. nets, soit environ 100 sacs; pour le cacao, 10,000 kilog. nets, soit environ 125 sacs (3).

Ainsi donc, chacun des contractants devra verser pour

____

(1) Voir 2ᵉ partie, chap. II.
(2) Havre, art. 7, al. 2.
(3) *Id.*, art. 6.

chaque affaire sur coton, un déposit de 450 fr.; 1,250 fr. sur le café ; 400 fr. sur le saindoux ; 625 fr. sur la laine ; 2,500 fr. sur le cuivre; 500 fr. sur l'indigo; 400 fr. sur le poivre et 625 fr. sur le cacao.

A Roubaix-Tourcoing, l'unité d'opérations est fixée à 5,000 kilogr. pour les laines peignées, à 10,000 kilogr. pour les laines en suint (1) ; le déposit ne peut être inférieur, pour chacun des intéressés, vendeur et acheteur, à 1,000 fr. pour chaque affaire en laine peignée, à 500 fr. pour chaque affaire en laine suint (2).

A Hambourg, l'unité d'opérations est fixée à 500 sacs de café, *good average Santos* (type composé comme celui du Hâvre : 2/6 *superior*, 3/6 *good*, 1/6 *regular*) (3) ; le déposit ne peut être inférieur à 3 marks par sac (4), soit au minimum 1,500 marks pour chaque affaire enregistrée, chiffre supérieur à celui qu'exige la Caisse du Havre.

e) Elévation du déposit original. — Tel est le principe, mais il faut ajouter aussitôt qu'il est susceptible de graves exceptions. En effet, des différents éléments qui entrent en jeu dans la détermination du déposit, l'un, le cours de la marchandise, est éminemment variable. Sans doute, contre cette mobilité même des cours, la Caisse est garantie par le système des marges : on peut cependant prévoir le cas où la spéculation a pu imprimer à une marchandise des oscillations telles que le déposit devient notablement insuffisant et que la Caisse risque de se trouver à découvert entre l'appel et le versement des marges.

Dès l'enregistrement même du contrat, la Caisse peut ainsi

(1) Roubaix, art. 5.
(2) *Idem*, art. 8.
(3) Hambourg, art. 6.
(4) *Idem*, art. 9.

courir de sérieux dangers : une maison puissante ou plusieurs maisons syndiquées peuvent chercher à accaparer la marchandise disponible, acheter en même temps de grandes quantités à terme et prendre dans un *corner* la Caisse de liquidation, mise ainsi hors d'état d'obtenir livraison de ses propres vendeurs. Ou bien encore, plusieurs maisons se sont engagées à la hausse ou à la baisse dans une proportion exagérée pour leurs forces ; elles ne peuvent plus répondre aux appels de marges ; la Caisse, en exécutant leurs contrats, précipite le mouvement, et le déposit, déjà diminué des marges non payées, ne couvre plus la Caisse que d'une faible partie de ses pertes (1).

Aussi, pour se garantir contre ces dangers possibles, — et sans parler du droit qu'a toujours la Caisse de *refuser* purement et simplement l'enregistrement des contrats, — les Caisses de liquidation se réservent-elles de façon formelle le droit *d'élever le déposit original* soit par mesure générale, soit par mesure individuelle. Grâce à ce moyen, — comparable en un certain sens au procédé d'élévation du taux de l'escompte dont se servent les banques d'émission pour protéger leur encaisse, — la Caisse de liquidation pourra, dès l'enregistrement, se garantir soit d'une façon générale contre des oscillations brusques de cours, soit prendre des sûretés spé-

---

(1) Senn, *op. cit.*, p. 105, et *Revue politique et parlementaire*, juillet 1901. « Le système des déposits et des marges ne protège la Caisse que tout autant que la hausse se maintient dans des limites raisonnables. Or, une marchandise accaparée n'a plus de cours. La Caisse, vendeur unique vis-à-vis de l'acheteur accapareur, serait exposée à suspendre ses paiements si les maisons ayant vis-à-vis de la Caisse position de vendeurs se trouvaient dans l'impossibilité de tenir leurs engagements. Si les opérations d'un ou plusieurs négociants paraissent créer un danger d'accaparement, la Caisse est amplement armée contre eux, elle se contentera de restreindre les transactions, de doubler, de tripler au besoin le déposit. Si cela ne suffit pas, elle sera libre de refuser l'enregistrement de leurs contrats nouveaux sur les mois visés ».

ciales vis-à-vis d'un négociant dont la situation lui inspire des craintes.

Le Conseil d'administration, dit l'article 9 du Règlement du Havre, peut exiger pour toute affaire nouvelle, un original déposit supérieur au minimum fixé par l'article 7 pour chaque sorte de marchandises. Cette mesure si elle est générale est notifiée par voie d'affichage au siège social et en Bourse, et exécutoire dans les délais fixés par le Conseil d'administration; si elle est particulière ou individuelle, le contractant en est dûment informé, et le courtier, son mandataire, ne peut en aucun cas exciper de son ignorance à ce sujet (1).

A Roubaix, l'élévation du déposit par mesure générale n'était point prévue par l'ancien Règlement. « Le classement des crédits, était-il dit, est fait par le Conseil d'administration et peut être modifié par lui ». Chaque soir un tableau d'ensemble est remis au directeur qui constate la position des différents clients sur chaque sorte de marchandises, leur situation vis-à-vis de la Caisse. Un client se trouve-t-il atteindre la limite de crédit fixée par le Conseil, le directeur de la Caisse de liquidation, avec l'assentiment de l'administrateur de service, exigera un déposit exceptionnel ainsi gradué : pour le premier quart supplémentaire au nombre déjà fixé d'inscriptions nouvelles, 2,000 francs pour chaque opération ; 3,000 francs pour le deuxième quart et 4,000 francs pour le troisième quart supplémentaire (2).

----

(1) On a prévu l'objection suivante (Senn, p. 106) : « Une maison pourrait se faire céder un nombre considérable de bulletins d'achat par d'autres maisons et être à un moment donné plus gros acheteur qu'elle ne semble l'être ». Mais, avons nous vu, « les Bulletins sont nominatifs, ils ne sont ni endossables ni transférables et ne confèrent de droit qu'au titulaire sans pouvoir faire l'objet d'aucune cession ». Havre, art. 14, et Roubaix, art. 4 : « (Les Bulletins) sont nominatifs et ne peuvent être ni cédés, ni endossés, ni transférés ».

(2) Roubaix, ancien art. 9.

Tout en conservant en partie l'ancien système (1), le nouveau règlement pose nettement que le Conseil d'administration peut toujours exiger un déposit supérieur à celui en cours. Cette mesure, si elle est générale, est notifiée par voie d'affichage ; — si elle est particulière, le contractant en est directement informé (2).

A Hambourg, la Caisse de liquidation s'est également réservé le droit d'élever le taux du déposit original, soit par mesure générale, soit par mesure individuelle.

Les Caisses nous apparaissent ainsi déjà très largement protégées, de par le mécanisme du déposit seul, soit contre les variations excessives de cours, soit contre les faillites et les *corners* possibles.

f) Remboursement du déposit. — A la différence des marges, le déposit ne peut être remboursé qu'après la clôture de l'opération et le règlement définitif (3). Disons dès maintenant qu'il est *productif d'intérêts*; nous reviendrons sur ce point dans notre exposé des principes financiers des Caisses de liquidation (chapitre III-2º).

B) **Marges**

a) Rôle. — Supposons une affaire à terme sur marchandises conclue et enregistrée, le déposit versé; survient une variation dans le cours de cette marchandise, par rapport au prix initial du contrat, soit dans le sens de la hausse, soit dans le sens de la baisse. La sécurité de la Caisse diminue,

---

(1) « Indépendamment du compte courant, il est tenu pour chaque contractant un état, dit de situation, permettant d'apprécier à chaque instant si, eu égard à ses engagements en cours, ce contractant a du disponible », art. 10.

(2) **Art. 8, al. 4 et 5.**

(3) **Havre, art. 10.**

peut même complètement disparaître. Dans le cas de hausse, le dépôt ne suffit plus à couvrir la Caisse, la perte du vendeur augmente avec chaque élévation du cours et peut arriver à égaler ou à dépasser le montant du dépôt ; en sens contraire, chaque mouvement de baisse accentue la perte de l'acheteur. Il faut donc, en temps utile et avant que le dépôt ne soit absorbé par la perte, que la Caisse obtienne, du vendeur en cas de hausse, de l'acheteur en cas de baisse, un supplément de couverture, qu'elle fasse un *appel de marge*.

« Indépendamment de l'Original Déposit, le contractant s'engage à verser à la Caisse de liquidation le montant de toute variation dans les cours montrant une perte par rapport au prix initial du contrat (Cette perte, *dite marge*, résulte de la différence entre le prix mentionné au contrat et les cours cotés chaque jour) » (1).

« Indépendamment du déposit, les vendeurs et les acheteurs sont tenus de servir les marges successives représentant les différences entre les prix acceptés pour l'inscription et les cours cotés depuis » (2).

Les marges sont donc un supplément de couverture, un nouveau versement en garantie venant exactement compenser la variation des cours, exigé par la Caisse de liquidation pour sa complète sécurité.

On voit comment leur rôle est de limiter, de *diviser* les risques. Soit, en effet, un acheteur à terme de marchandise, la hausse survenant dans le cours de cette marchandise ; si, à l'échéance, l'acheteur n'est pas en mesure de payer, son vendeur se trouve exposé à perdre des sommes importantes : si ce dernier, au contraire, fait, chaque jour, verser à sa contre-partie la différence survenue entre le prix initial du

---

(1) Havre, art. 16.
(2) Roubaix, art. 9 ; Hambourg, art. 14.

contrat et le cours actuel, les risques se trouvent très divisés :
ils sont chaque jour égaux à la hausse de ce seul jour multi-
pliée par le nombre d'unités sur lesquelles a porté l'opération,
sans pouvoir jamais lui être supérieurs, le non-versement
d'une marge appelée provoquant, comme nous allons voir, la
clôture immédiate de l'opération.

b) Taux des marges. — Théoriquement, toute variation
dans les cours, si minime soit-elle, doit entraîner l'appel et le
versement de marges correspondantes. Mais on conçoit aisément ce qu'une telle rigueur causerait de complications et de
difficultés dans les comptes : elle n'est d'ailleurs point nécessaire, les marges ne devant apparaître que si les oscillations
de cours menacent de rendre le déposit insuffisant. Aussi, les
différents règlements fixent-ils une certaine quotité de variation des cours, soit hausse, soit baisse, qui, atteinte, nécessi-
tera l'appel et le versement de la marge correspondante. Soit
par exemple du café vendu à 90 francs les 50 kilogr., le
cours montant à 90 fr. 15, la Caisse n'exigera pas du vendeur,
à titre de marge, le versement de ces 15 centimes : un
chiffre minimum est fixé à partir duquel seulement les marges
sont dues et exigées.

Au Havre, « pour simplifier le versement journalier, et
sans qu'il soit porté atteinte ni novation au principe d'exigi-
bilité de toute marge, la Caisse de liquidation perçoit les
marges à raison de 1 fr. par 50 kilogr. pour coton, café,
poivre, saindoux et cacao, de 1 fr. par 100 kilogr. pour cuivre,
de 2 fr. par 100 kilogr. pour laine, et de 0 fr. 10 par
1/2 kilogr. pour indigo » (1).

Soit, dans le même exemple, 500 sacs de café vendus à

----

(1) **Havre, art. 17.**

90 fr. les 50 kilogr., le cours s'élevant à 91 fr., le vendeur devra verser à la Caisse une marge de 588 fr. (500 sacs = 29,400 kilogr. nets : 50 = 588). Le cours tombant à 89 fr., l'acheteur devra la même marge.

Le Conseil d'administration peut d'ailleurs toujours, même pour les opérations en cours, réduire ou supprimer ces facilités par mesure générale ou individuelle et exiger le versement de toute marge, si minime soit-elle (1).

A Roubaix-Tourcoing, « les marges sont versées par les clients à la Caisse de liquidation, à chaque variation de *cinq centimes* par kilog. pour les laines peignées, et de *deux francs cinquante centimes* par cent kilos pour les laines en suint, c'est-à-dire par les vendeurs s'il y a hausse et par les acheteurs s'il y a baisse dans les cours » (2).

A Hambourg, les marges sont dues à l'occasion de chaque variation de *un pfennig* par demi-kilogr. de café (3).

Il faut voir enfin comment les marges sont dues pour chaque affaire déterminée : on a prévu le cas où un contractant opérant à terme sur plusieurs marchandises, coton et laine par exemple, se trouverait, de par la fluctuation des cours, en perte sur l'une, en bénéfice sur l'autre. Pourra-t-il obtenir qu'on tienne compte de sa situation avantageuse sur un article pour atténuer en sa faveur l'obligation du paiement des marges sur l'autre ? — La Caisse de liquidation exige toute marge due : elle ne tient pas compte des bénéfices sur affaires non complètement liquidées, ces bénéfices pouvant n'être que purement apparents et toute disposition faite en ce sens ne

---

(1) Havre, art. 17, al. 2.
(2) Roubaix, art. 9, al. 2.
(3) Hambourg, art. 14.

pouvant aboutir qu'à compliquer les comptes et à rendre la
surveillance plus difficile (1).

c) Appel des marges. — Il est de toute nécessité que,
dès ce minimum dans la variation des cours atteint, la Caisse
fasse diligence : pour que sa sécurité soit complète, l'appel
des marges doit être aussi rapproché que possible de la constatation de l'écart survenu entre le cours actuel et le prix initial. Nous allons voir ici réapparaître ce caractère *d'automa-*
tisme et de précision rigoureuse que déjà nous avons signalé
dans le mécanisme des Caisses de liquidation.

En effet, « ce sont les cours affichés en Bourse qui servent
de base indiscutable pour le règlement des marges.

« L'affichage en Bourse tient lieu *d'appel et de mise en*
demeure » (2). Et ailleurs : « Le versement des marges est
dû et journellement obligatoire sans avis, appel ni mise en
demeure autre que l'affichage des cours qui en tient lieu » (3).

« Si pour aider à l'établissement journalier des comptes
chez les contractants et pour faciliter le prompt versement des
pertes, dites marges, la Caisse de liquidation adresse à ses·
clients, incidemment ou même régulièrement, une carte ou
un mémorandum les invitant à verser les sommes dues par
eux, ce fait, tout facultatif de sa part, ne peut, dans aucun
cas, lui être opposé comme établissant par l'usage une novation au paragraphe précédent, non plus qu'au présent Règlement » (4).

« La Caisse de liquidation n'est pas tenue d'adresser d'avis

(1) Senn, *op. cit.*, p. 112. — « Les vendeurs et acheteurs sont tenus de verser les marges successives... sans qu'il soit tenu compte d'aucune compensation entre les diverses opérations d'un même client ». Roubaix, art. 9.

(2) Havre, art. 19, al. 1 et 2.

(3) *Id.*, art. 16, al. 2.

(4) *Id.*, art. 19, al. 3.

personnel pour le versement des marges, l'affichage seul des cours en son local tenant lieu d'appel » (1).

Les cours relevés sur le carnet des cotes, signé par les deux courtiers de service à la Bourse de Roubaix et de Tourcoing, le soir, après la cote de quatre heures à Tourcoing, sont affichés au local de la Société et servent seuls de base pour l'appel des marges (2).

d) *Versement des marges.* — D'autre part, le versement, le paiement des marges doit être aussi rapproché que possible de l'appel.

Il sera, dit le Règlement de Roubaix, effectué au plus tard le lendemain avant midi, jours fériés et mi-fériés exceptés (3).

Au Havre, le paiement des marges doit être effectué au siège social, avant quatre heures pour les cours affichés le matin et avant midi pour les cours affichés à 4 heures 1/2 la veille. Le Conseil peut n'exiger les marges qu'une fois par jour (4).

Ce que nous avons dit à propos du versement du déposit s'applique également aux marges. En principe, elles doivent être payées en *espèces* (5) (Havre, art. 18), mais elles peuvent être couvertes, à la satisfaction du Conseil d'administration, par la remise de titres, récépissés-warrants, marchandises, etc., et même par un engagement de *caution solidaire* (Havre, art. 8 et 16 *in fine*). Si ces titres sont nominatifs, il y est joint une déclaration de transfert et d'affectation spéciale en garantie.

------

(1) Roubaix, art. 9, al. 3.
(2) *Id.*, art. 5.
(3) *Id.*, art. 9, al. 4.
(4) Havre, art. 18, et Hambourg, art. 14, al. 2.
(5) Voir la note p. 48, sur l'obligation de verser en *espèces* le déposit et les marges à la Caisse de Roubaix.

De même pratiquement, le montant en sera prélevé sur le
compte courant du contractant s'il est suffisamment créditeur (1). Au cas contraire seulement, le contractant devra
faire un versement effectif ou couvrir la Caisse par un dépôt
en nantissement de titres, valeurs, warrants, etc...

Quant à la *sanction* de cette obligation du versement des
marges dans le délai fixé elle est aussi rigoureusement logique
que possible : « La Caisse de liquidation ne devant en aucun
cas courir de risques par suite du changement dans les cours,
peut *liquider d'office*, par courtier assermenté sur avis conforme signé par l'administrateur délégué, *à défaut du versement d'une seule marge dans les délais indiqués*, tous les
marchés ouverts pour le compte de l'intéressé. La compensation s'opère de plein droit entre les soldes débiteurs et les
soldes créditeurs de ces diverses liquidations, qui forment
garantie réciproque entre elles. Tout reliquat actif est immédiatement mis à la disposition du défaillant, tout reliquat
passif est immédiatement exigible et le recouvrement en est
poursuivi par les voies de droit » (2).

Le Règlement du Havre s'exprime en termes identiques :
« Tous les contrats et opérations au nom du même contractant sont portés à son compte courant et sont indivisibles.

« *A défaut de versement d'une marge*, ou en cas de suspension de paiement ou d'arrêt dans les affaires d'une maison,
même pour cas de force majeure et en raison de l'indivisibilité
de tous les engagements, la Caisse de liquidation, sans mise
en demeure et sans avis et formalités préalables, clôt et
liquide d'office tous les contrats existant pour le compte du
contractant et la compensation s'opère de plein droit entre les

------

(1) Havre, art. 16, al. 3.
(2) Roubaix, art. 11.

soldes débiteurs et créditeurs des différentes liquidations.....
Tout reliquat actif du compte courant est mis à la disposition
de qui de droit, tout reliquat passif est immédiatement exigible
et le recouvrement en est poursuivi par les voies de
droit » (1).

Ici encore ce sont les règles du compte courant qui vont
s'appliquer.

e) Remboursement des marges. — Il faut voir enfin que la
perte subie par le payeur de marges peut n'être que purement momentanée et seulement apparente. « Les marges
encaissées puis redevenues libres par suite de la fluctuation
des cours sont reportées au crédit du compte courant » à raison des variations mêmes qui, en sens contraire, ont nécessité
le versement supplémentaire : 1 fr. par 50 kilog. pour coton,
café, etc... (2). L'immobilisation des fonds n'est donc pas
absolue jusqu'au *terme du marché* : reportés au compte courant créditeur ils seront productifs d'intérêts à moins que le
contractant ne préfère les retirer purement et simplement.

Jusqu'ici, pour simplifier l'explication du système de déposit
et de marges, nous n'avons envisagé que l'hypothèse où les
contrats enregistrés constituaient des affaires à terme *fermes*.
Mais la Caisse de liquidation ne s'est nullement engagée à
n'enregistrer que ces seuls contrats. Il nous faut voir brière-
ment comment vont jouer déposits et marges, appliqués aux
affaires à primes et aux *options ou facultés*.

On sait comment le but des affaires à primes est de limiter
à l'avance la perte possible de l'une des parties en lui permettant de résilier le marché, moyennant le paiement d'une indemnité déterminée qu'on appelle *prime*.

______

(1) **Havre**, art. **20**.
(2) *Id.*, art. **17**, *in fine*; **Roubaix**, art. **9**.

La prime simple à la hausse donne le droit à l'acheteur de ne pas prendre livraison en payant au vendeur un dédit fixé à l'avance ;

La prime simple à la baisse, en sens contraire, donne le droit au vendeur de ne pas livrer en payant également un dédit convenu ;

La prime double (ainsi nommée parce que l'indemnité fixée est généralement du double de la prime simple) donne le droit à l'une des parties, moyennant le versement d'une prime fixée à l'avance, de se déclarer à son choix, lors de l'échéance, acheteur ou vendeur, — ou bien le droit de résilier le marché.

Quant aux *options ou facultés*, elles donnent le droit à celui qui se les réserve : s'il est *acheteur*, de demander à l'échéance une quantité double, triple,... de celle qu'il a achetée ferme ; — s'il est *vendeur*, de livrer à l'échéance une quantité double, triple,... de celle qu'il a vendue ferme (1).

Ces définitions ainsi rappelées, on voit aisément les modifications que vont apporter dans le jeu normal du déposit et des marges ces différentes variétés d'opérations à terme.

a) *Primes simples à la hausse ou à la baisse.* — Le risque du *payeur* de la prime, — c'est-à-dire de la partie qui s'est réservé le droit de ne pas prendre ou de ne pas livrer, — se trouve exactement limité par le montant de la prime ; c'est donc ce montant seul qu'il devra consigner à la Caisse, tant

---

(1) Le *receveur* de l'option ou *donneur de facultés* bénéficie sur la quantité définitive d'une réduction ou d'une augmentation de prix par rapport au cours du jour.

Si c'est le vendeur qui veut acquérir la faculté de livrer une quantité multiple, il vend à un prix inférieur au cours du jour : *c'est la faculté à la baisse.* — Si c'est l'acheteur qui veut pouvoir exiger une quantité multiple, il achète à un prix supérieur au cours du jour : *c'est la faculté à la hausse ;* la différence du prix de vente ou d'achat avec le cours du jour constitue *la prime* du donneur.

comme déposit que comme marges. Le risque du *receveur* de la prime, au contraire, reste illimité : il doit verser, lors de l'enregistrement du contrat, le déposit habituel et reste tenu au versement des marges éventuelles ; à son égard, le marché est considéré comme *ferme*.

b) Même solution pour la *double prime* : le *payeur* n'aura à verser que le montant de la prime qui, là encore, représente la totalité de son risque ; le *receveur* consignera le déposit habituel et, de plus, son risque étant illimité dans les deux sens, — puisque le payeur s'est réservé le droit de prendre ou de livrer à son choix, — il versera les marges, que les variations de cours se produisent *dans le sens de la hausse ou dans le sens de la baisse.*

c) Enfin, s'il s'agit d'*une option de prendre ou de livrer une quantité double, triple...,* le *payeur* de l'option verse le déposit et les marges seulement sur la quantité *simple* qu'il a traitée ferme : son risque, en effet, ne va pas au delà puisque naturellement il ne fera usage de son option que si elle lui procure un bénéfice. Au contraire, le *receveur* de l'option versera le déposit et les marges sur la quantité *maxima* qui peut lui être livrée ou demandée. Mais quand le payeur a *répondu la prime*, c'est-à-dire fait connaître son option, son affaire devient *du ferme* : il versera donc le déposit et les marges sur la quantité déterminée dont il est devenu acheteur ou vendeur.

Tel est le système de garanties dont s'entourent les Caisses de liquidation pour assurer l'exécution de leur obligation de mener à bien les contrats enregistrés. Si chacune des pièces du mécanisme, prise séparément, — admission à la Caisse, déposit, marges, — peut apparaître comme insuffisante et ne protège point la Caisse contre tous les risques, si nombreux, du marché à terme, on voit comment leur superposition, leur intime pénétration doivent assurer le maximum de sécurité désirable.

La règle essentielle qui domine ce système, et sans laquelle la promesse de garantie offerte par la Caisse aux opérateurs ne serait qu'un vain mot, est celle-ci : *la Caisse de liquidation ne fait ni crédit, ni découvert.* Assurée, elle, d'un crédit considérable de par son capital et ses réserves accumulées, — éclairée par les renseignements dont s'entoure le Conseil d'administration sur la solidité des maisons qu'elle admet à traiter avec elle, — couverte, d'autre part, par des sommes le plus souvent importantes déposées chez elle en compte courant, — tenant sous une surveillance constante les positions des acheteurs et des vendeurs de la place, — poussée à agir, enfin, de par l'automatisme même du système et par ses règlements que nous avons tenu à citer pour en bien faire ressortir et la minutieuse prévoyance et toute la rigueur, — la Caisse de liquidation apparaît comme un organisme de garantie aussi sûr et aussi complet que possible.

Sans doute, son fonctionnement ne saurait aller sans quelque frottement : la rigidité même du mécanisme n'est point sans entraîner certains inconvénients. Nous verrons notamment les critiques, qu'au point de vue économique on a pu adresser au système du déposit et des marges, les réformes qui ont été proposées. Sans vouloir entrer dès maintenant dans la discussion des avantages et des inconvénients comparés de ces institutions de garantie, nous nous sommes bornés à exposer les conditions juridiques et les règles qui président au fonctionnement des Caisses de liquidation actuellement existantes. Aussi bien ce fait seul qu'elles existent et que, de l'aveu même de certains de leurs adversaires, « elles sont à même de rendre les plus grands services au commerce », suffit à justifier une analyse aussi objective.

CHAPITRE II

LA CAISSE DE LIQUIDATION, INSTITUTION DE COMPENSATION ET DE LIQUIDATION

Du fait pour la Caisse de liquidation de se porter partie principale aux marchés enregistrés par elle, découle naturellement, avons-nous dit, son rôle en tant qu'*institution de liquidation*.

Si, d'une façon générale, l'exécution des opérations *au comptant* sur marchandises, ne soulève aucune difficulté particulière, les opérations *à terme*, — qui sont extrêmement plus nombreuses d'ailleurs, dont beaucoup vont se régler par le paiement de simples différences, qui comportent souvent l'intervention des reporteurs, qui, enfin, ont été faites par des opérateurs jouissant d'un crédit fort inégal, — s'exécutent d'une façon beaucoup moins aisée.

Toute opération à terme comporte le plus souvent un grand nombre de transactions. L'opérateur, — soit industriel ou commerçant, qui désire s'assurer contre une hausse ou une baisse trop considérable, soit pur spéculateur qui a acheté ou vendu, non en vue de faire une opération définitive, mais pour profiter de la hausse ou de la baisse et bénéficier d'une différence, — a effectué, en effet, une seconde opération en couverture ou en complément de la première, revendu la même quantité après l'avoir achetée, ou *vice-versa :* de même le nouvel opérateur et ainsi de suite.

Ces opérateurs à terme vont-ils régler séparément chacun de leurs deux marchés, achat et revente? Chaque règlement va-t-il donner lieu à une double tradition d'argent et de marchandises ?

Il y a évidemment un intérêt essentiel à compenser autant que possible les achats et les ventes qui se sont succédé de manière à éviter les traditions de numéraire, les transports de marchandise, à faire passer la propriété du vendeur initial à l'acheteur définitif (1), à *simplifier*, en un mot, le règlement du marché.

On arrive à ce résultat par différents procédés dont le plus ancien et le plus général est celui des *filières*.

On entend par *filière* « une pièce émise par le vendeur à terme quand arrive l'échéance du marché et portant offre de livrer les produits vendus sous forme d'une quantité déterminée » (2). C'est *un avis de livraison transmissible par endossement*. Le vendeur primitif adresse cette filière, — « offre de livraison et par réciprocité demande du prix » — à son acheteur ; si celui-ci a revendu avant le terme, il transmet, par endossement, l'invitation à son propre acheteur pour que celui-ci prenne ses lieu et place : si ce dernier a également revendu, il agit de même vis-à-vis du troisième acheteur et ainsi de suite jusqu'à l'acheteur définitif qui, lui, *arrête* la filière en demandant livraison de la marchandise.

Ce dernier acquéreur ou *réceptionnaire* doit verser le prix entre les mains du livreur-vendeur. Mais il est clair que les ventes successives ne se sont pas faites toutes au même prix : les vendeurs et acheteurs intermédiaires qui ont reçu et transmis la filière ont des bénéfices à toucher ou des pertes à

____

(1) Colson, *op. cit.*, p. 506.
(2) Thaller, *op. cit.*, p. 517.

payer : l'endossement des filières donne donc lieu à l'établissement des factures : chaque endosseur recevra et paiera celle qu'il reçoit de son vendeur, encaissera le montant de celle qu'il remet à son acheteur (*liquidation par échange de factures*). Dans un système plus perfectionné (*liquidation sur un prix d'émission*) on arrive à ne faire payer la totalité du prix qu'une seule fois, par le réceptionnaire au vendeur primitif, tous les autres intermédiaires, membres de la filière, n'ayant à verser ou à recevoir que la différence entre leur prix de vente ou leur prix d'achat : l'une et l'autre liquidation s'opère, soit *directement* entre les spéculateurs, soit par l'entremise de liquidateurs agréés à cet effet, nommés *filiéristes* (1).

Juridiquement, nous nous trouvons ainsi en présence, suivant l'expression de M. Thaller, de *deux délégations fourrées l'une dans l'autre* : le livreur a été délégué auprès du réceptionnaire par le vendeur de celui-ci pour livrer à sa place, de même que le réceptionnaire a été délégué près de lui pour payer le prix : le livreur n'est pas seulement le créancier du réceptionnaire, il est aussi son débiteur (2).

D'où pour le réceptionnaire, le droit de procéder au remplacement ou au rachat de la quantité non livrée, par courtier assermenté, après avis affiché à la Bourse, aux risques et périls du créateur, par suite de la théorie de la résolution de l'article 1184, simplifiée d'après les usages et les règlements, — le droit subsidiaire pour ce même acheteur de s'adresser

---

(1) *A la Bourse de commerce de Paris*, l'endossement et la circulation des filières se font par l'entremise de liquidateurs agréés par la Commission compétente : toutefois, pour les huiles et les avoines, les intéressés peuvent opérer directement. Ce sont aussi les filiéristes qui effectuent les compensations et établissent les comptes définitifs de liquidation.

(2) V. Thaller, *op. cit.*, p. 517-522.

pour le recouvrement de la différence, au livreur responsable et ensuite aux endosseurs successifs.

De même, au cas de non paiement par le réceptionnaire, le vendeur-livreur dispose d'une double garantie : *garantie réelle*, d'une part, procurée par la marchandise qui pourra, dans les vingt-quatre heures, être vendue, par courtier assermenté, après affiche à la Bourse, le réceptionnaire demeurant débiteur de l'écart possible entre le prix obtenu et le prix de la dernière vente (1) ; — *garanties personnelles* d'autre part, fournies par les endosseurs successifs de la filière qui jouent le rôle de débiteurs subsidiaires, suivant un ordre déterminé ascendant.

Nous ne pouvons entrer ici dans les distinctions et les détails si nombreux que comporte l'examen des filières : il faut se reporter sur ce point aux ouvrages spéciaux et aux usages des différentes places ; nous devions seulement rappeler les grandes lignes du système avant de l'opposer au « second mode général d'exécution des opérations à terme sur marchandises, le Règlement *par la Caisse de liquidation*, être central », qui, procédant par voie de compensation, rejette tout à fait au second plan les filières et ne va plus les employer que pour liquider les soldes laissés par les compensations.

On comprend en effet, d'un mot, l'économie de la filière : « par-dessus la tête d'un certain nombre d'intermédiaires, le vendeur primitif et l'acheteur définitif règlent directement l'un avec l'autre ; pour tous ceux qui se trouvent entre ces deux extrêmes, la liquidation se produira par un versement ou par une perception de différences, et pour les deux extrêmes la

---

(1) Il y a cependant un doute sur ce point : le réceptionnaire n'est point poursuivi *en exécution* du contrat mais par suite d'une *résolution* : le contrat est rétroactivement anéanti. Thaller, n° 1041.

livraison consistera en un virement sur un registre d'entrepôt plus souvent qu'en une tradition matérielle » (1). Autrement dit, la constitution d'une filière permet d'exécuter tous les contrats de vente qu'elle embrasse par une seule livraison faite par le livreur au réceptionnaire. Ainsi, dans ses modes perfectionnés, la filière est bien « un instrument admirablement adapté à la circulation » (2), mais il faut voir cependant comment il est possible, malgré les services rendus par les filières, d'apporter, en même temps qu'une sécurité plus complète, une simplification plus grande encore à l'exécution des opérations à terme sur marchandises.

Dans le règlement par filières, en effet, nous voyons bien une sorte de compensation s'établir *à l'intérieur d'un même marché*, pour ainsi dire, mais compensation qui, d'une part, ne supprime que le déplacement successif de la marchandise, non les traditions de numéraire, soit qu'il s'agisse des sommes entières (*liquidation par échange de factures*), soit qu'il s'agisse simplement d'acomptes (*liquidation sur un prix d'émission*). En second lieu, la compensation ne saurait s'établir, dans ce système, entre *les différents marchés* d'un même spéculateur, ces différents marchés ayant forcément des contre-parties différentes : pour chaque marché distinct, filière distincte ou endos distinct (3).

____

(1) Thaller, *op. cit.*, n° 1036.

(2) Patoux, *op. cit.*, p. 82.

(3) La *liquidation centralisée*, organisée par les Chambres syndicales, qui fonctionna l'avant-dernier et le dernier jour du mois pour liquider complètement toutes les opérations sur ce mois, ne modifie en rien la théorie de la liquidation par filière. Elle est simplement un procédé rapide pour liquider à la fois une grande quantité de filières. Au lieu d'un liquidateur par filière, c'est l'ensemble des liquidateurs agréés qui fonctionne pour toutes. La remise des états de position, après la séance d'endossement, vaut mandat collectif à ces liquidateurs d'opérer pour le compte du négociant tous endos, arrêts ou même créations des filières qui seront nécessaires. Mais rien n'est changé au

De plus, chaque spéculateur, liquidant ainsi son propre marché à la demande que lui en fait sa contre-partie, doit nécessairement attendre l'échéance ; dans ce système, la *liquidation anticipée* n'est pas possible.

Il nous faut exposer comment ces perfectionnements désirables, une Caisse de liquidation les réalise, — qu'elle fonctionne tour à tour, comme nous l'allons voir, soit comme *chambre de compensation*, soit comme *filiériste*, — *clearinghouse* et *liquidateur* tout spéciaux d'ailleurs, de par sa fonction même d'institution de *garantie* intimement liée à sa fonction d'institution de *compensation* et de *liquidation*. Nous verrons enfin comment la liquidation par la Caisse vient empêcher dans une certaine mesure les *étranglements* du marché.

A). — L'idée essentielle qui domine le système et que déjà nous avons exposée est celle-ci : par l'*enregistrement* qu'elle fait des contrats, la Caisse de liquidation se trouve substituée pour chacun des contractants à sa contre-partie ; elle devient acheteur d'une part, vendeur de l'autre, *contre-partie unique* de toutes les opérations pour lesquelles on a recours à elle.

Ceci rappelé, on voit d'autre part, comment la position d'un opérateur sur un mois donné se décompose en un certain nombre d'achats et un certain nombre de ventes : le résultat final pour le spéculateur sera que toutes livraisons faites ou reçues, il aura mis ou pris dans son magasin une certaine quantité de marchandises ; pour le reste, il aura seu-

---

mécanisme habituel de la filière et c'est pourquoi les endos faits par liquidateur sont de toute façon valables à l'égard des autres membres de la filière.

On voit la différence, non seulement avec la liquidation telle qu'elle est effectuée par les Caisses, mais avec ce qui se passe à la Bourse des valeurs lors de la liquidation centrale entre agents de change opérée par les soins de la Chambre syndicale.

(Sur les *liquidations centralisées*, voir Patoux, *op. cit.*, p. 244, sq).

lement encaissé ou déboursé des différences de prix. S'il avait tout le temps traité avec la même contre-partie, ce résultat aurait été très facilement atteint, car les marchés en sens contraire se seraient annulés d'eux-mêmes par compensation. Or, c'est ce résultat que nous voyons précisément obtenu par la Caisse de liquidation, contre-partie unique à tous les marchés enregistrés par elle, « tiers interposé entre chaque opérateur d'une part et tout le marché de l'autre » (1).

Dès lors, du moment où par deux marchés enregistrés, on a vendu et acheté sur le même mois, — la contre-partie étant la même, — la compensation est toujours possible sur de mêmes quantités. De plus l'opérateur va avoir la facilité de liquider son affaire, — et par conséquent de toucher son bénéfice ou de payer sa perte, — sans attendre l'échéance normale de l'opération ; — *facilité très appréciable*, surtout quand les opérations se soldent en bénéfice, l'opérateur pouvant fort légitimement désirer avoir, soit des capitaux abondants en mains, soit un compte créditeur, garantie des autres opérations en cours, plus élevé, pour s'éviter les versements supplémentaires.

Soit un spéculateur A ayant acheté en novembre à B 10,000 kilog. de laine peignée sur mars par exemple, les ayant, en janvier, revendus à C, — ces deux marchés enregistrés par la Caisse de liquidation : A, B et C, avons-nous vu, n'ont traité qu'avec la Caisse, ne connaissent qu'elle. Les deux marchés en sens contraire de A vont rentrer dans le cas, si simple, de la compensation ; il va pouvoir, à son gré, les liquider par anticipation.

Si A a de l'argent en abondance, s'il désire recevoir ou livrer effectivement les 10,000 kilogr. de laine achetée ou

---

(1) Patoux, *op. cit.*, p. 266.

vendue, il attendra le terme fixé, émettra ou recevra une filière, toujours par l'intermédiaire de la Caisse, comme il sera dit dans un instant. Il ne faut point oublier d'ailleurs que les fonds déposés par lui, déposit et marges, ne sont point improductifs : la Caisse lui accorde un intérêt (Voir chapitre III, 2°).

Si au contraire, pour quelque raison que ce soit, il préfère la liquidation, le règlement anticipé est possible et le procédé en est fort simple : il lui suffit de dresser un *bordereau de liquidation* en y joignant les deux bulletins d'achat et de vente liés.

« Un contrat étant clos par un achat et une vente enregistrés au nom du même contractant, dit l'article 23 du Règlement du Havre, celui-ci établit un bordereau de liquidation et le remet à la Caisse de liquidation avec les deux bulletins d'achat et de vente, visés « Bon à liquider. » (1).

Au débit du bordereau sont inscrits : la commission due à la Caisse de liquidation, le courtage, s'il y a lieu, et tous les frais et taxes imposés par les usages de place.

L'époque d'échéance d'un contrat est le dernier jour du mois qui y est dénommé. La liquidation est faite, sous escompte, par rapport à cette époque, valeur du jour de la remise du bordereau et des bulletins. Toutefois si la liquidation a lieu dans le courant du mois dénommé au contrat, le bordereau peut être établi valeur fin de ce mois, sans escompte.

Le bordereau vérifié, copié et admis, sauf erreur ou omission, est rendu au contractant avec la mention « passé en compte », son produit net ayant été porté au débit ou au

---

(1) Patoux, *op. cit.*, Roubaix, art. 24.

crédit du compte courant. L'original déposit et les marges devenus libres rentrent au crédit.

Les bulletins liquidés restent à la Caisse de liquidation (1).

Ainsi, s'il résulte du bordereau que le spéculateur a réalisé un bénéfice, ce bénéfice lui est payé sous déduction de l'intérêt du jour du paiement jusqu'au dernier jour du mois sur lequel l'affaire était faite. Si au contraire l'opérateur a subi une perte, il peut également la payer sous déduction d'intérêts pour anticipation de paiement.

De même, va simultanément intervenir un règlement de l'original déposit et des marges versées. Le déposit, — plus les intérêts qu'il a produits, — est versé par la Caisse de liquidation en même temps que le bénéfice : il est, soit rendu directement au spéculateur heureux, soit porté au crédit de son compte courant. Si au contraire l'affaire se solde en perte, la Caisse retient les marges et l'original déposit jusqu'à due concurrence et rend l'excédent aux intéressés ou le reporte au crédit de leur compte.

La Caisse de liquidation fonctionne ainsi, toutes réserves faites sur des différences à propos desquelles nous aurons à revenir, d'une façon analogue à celle des *Chambres de compensation* ou plutôt même d'une *banque de virements* (2). Si ses relations sont assez étendues, quand va survenir l'échéance d'un mois, la plupart des opérations se trouveront

---

(1) Havre, art. 23, Roubaix, art. 24 : « Pour les affaires liquidées, les bordereaux de liquidation sont établis autant que possible le jour même ou le lendemain qui suit le renvoi des avis d'inscription. L'escompte sur les différences est calculé du jour de la liquidation inclusivement jusqu'au dernier jour du mois sur lequel l'affaire a été faite ». Hambourg, art. 17.

(2) « *Une banque de virements* établit, entre les comptes de ses adhérents, des mouvements de fonds, elle le fait par son propre effort : les créanciers et les débiteurs réunis par elle ne font que subir la déformation qu'elle imprime à leurs créances mutuelles. A la *Chambre de compensation*, au contraire,

liquidées par simple compensation : leur règlement n'aura donné lieu à aucune création, à aucun endossement de filières, à plus forte raison à aucun transport de marchandises, à aucune tradition de numéraire, même pour le règlement des différences : un simple jeu d'écritures sera intervenu.

Restent, il est vrai, les opérations encore ouvertes, — soit qu'il s'agisse d'opérations *uniques* et que la compensation ne fût pas possible, — soit, au contraire, qu'elle le fût, mais que l'opérateur ait le désir de livrer ou de lever effectivement la marchandise.

Pour les premières, un certain nombre est encore destiné à se liquider de la même façon, par voie de compensation, grâce aux contre-opérations de couverture que les spéculateurs peuvent faire jusqu'à l'échéance.

Pour les autres, qui comportent des livraisons à faire ou à recevoir, va réapparaître le système des *filières*.

B) La Caisse de liquidation, *filiériste général*, — tel est le second aspect sous lequel il nous faut l'envisager dans son rôle d'institution de liquidation. Un exposé plus analytique est ici nécessaire. Il faut noter dès l'abord la rigueur des clauses des différents règlements (telles les clauses de spécialisation de la marchandise et d'expertise préalable), destinées à empêcher absolument le défaut de livraison par une filière de se produire. Toute filière devant passer par la Caisse, une filière irrégulière est arrêtée net dès le premier endos (1).

------

ce sont les créanciers qui, par leur effort personnel, se livrent à la longue nomenclature de leurs dettes réciproques, forment entre eux, spontanément, une véritable cité active, consciente, non plus inerte et fictive, n'existant que sur les livres d'un banquier commun ». Haristoy, *op. cit.*, p. 271.

(1) Patoux, *op. cit.*, p. 270.

a) Emission des filières. — Tout vendeur qui veut livrer — d'après les articles 8 et 11 des Conditions générales de vente et d'achat pour laines peignées du marché à terme de Roubaix-Tourcoing, annexées au Règlement de la Caisse de liquidation, — *doit créer une filière* dans la forme, les conditions et les délais indiqués et la déposer à la Caisse de liquidation (1).

Les filières sont créées suivant un modèle adopté par la Caisse : la seule obligation nouvelle qui soit imposée est celle d'indiquer sur la filière, en sus des mentions ordinaires, les numéros d'enregistrement et les dates des bulletins de vente en exécution desquels elles sont émises (2).

____

(1) A Roubaix, conformément à ce que nous disions plus haut, l'émetteur doit remettre à la Caisse, en même temps que la filière : 1° le certificat de dépôt de la marchandise aux Magasins généraux, suivant une formule imposée par la Caisse de liquidation, avec, au dos, l'indication des marques, poids et numéros par balle et dans l'ordre numérique.

2° La déclaration d'origine du peignage.

3° Un avis de la Chambre arbitrale faisant connaître le résultat de l'expertise.

4° Le bulletin de conditionnement hygrométrique de la marchandise.

5° L'avis d'inscription de vente délivré par la Caisse.

(Conditions générales pour laines peignées, art. 12). V. Hambourg, art. 28.

(2) *Id.*, art. 11, Havre, art. 27, Hambourg, art. 18.

Voici le texte de la formule généralement employée à Roubaix-Tourcoing :

Monsieur le Directeur,

J'ai l'honneur de vous informer qu'à partir de ce jour... je tiens à la disposition de qui de droit, dans les Magasins généraux de... environ... kilog. de... en exécution de la vente que j'ai faite sur le mois de... par l'entremise de M..., courtier assermenté, et que votre Caisse a enregistrée le... sous le n°... dont je vous remets le Bulletin.

Vous trouverez sous ce pli les pièces justificatives exigées par l'article (12, laines peignées ou 8, laines en suint) des Conditions générales du marché à terme.

Avant l'enlèvement de la marchandise qui doit avoir lieu au plus tard le... avant midi, l'acheteur qui en prendra possession aura à payer la somme de... basée sur le cours officiel de la veille, fixé à...

Signature.

A Roubaix-Tourcoing, toute filière doit comporter une circulation d'au moins quatre jours (1) — de trois jours à Hambourg (2), — non compris le jour du dépôt à la Caisse, ni les jours fériés ou mi-fériés, ni le jour de la livraison : c'est donc, au plus tard, le sixième (à Hambourg, le cinquième) jour avant le dernier du mois qu'elles devront être émises, de façon à ce que la livraison puisse avoir lieu le 30 ou le 31. Pendant cette période de circulation, les Magasins généraux sont avisés par la Caisse de liquidation, la marchandise est immobilisée et ne peut être délivrée qu'après avis de la Caisse et la remise du certificat de dépôt dûment endossé.

Les filières indiquent la somme à verser au vendeur-livreur qui les a émises : la somme ainsi indiquée par le livreur est ce qu'on appelle *le prix d'émission;* sa fixation est soustraite par les règlements à l'arbitraire du livreur : le prix d'émission d'une filière est basé sur la dernière cote officielle affichée en Bourse, la veille de son émission (3) — émetteur et receveur réglant ensuite avec la Caisse, comme nous allons voir, la différence entre ce prix et le prix de leurs marchés.

Enfin les filières sont datées et signées par les émetteurs et mentionnent l'heure du dépôt à la Caisse.

b) Circulation des filières. — Ces filières, qui lui sont

____

(1) Roubaix, art. 6 ; Conditions générales, art. 11.

(2) Hambourg, art. 18.

(3) Voir pour la liquidation des filières sur un prix d'émission, Senn, *op. cit.*, p. 126. Patoux, *op. cit.*, p. 39. En voici l'explication très succincte : le livreur exige une certaine somme pour se dessaisir de la marchandise, somme généralement inférieure au prix définitif, tel qu'il résultera de la pesée faite : le receveur remet cette somme à son vendeur qui la transmet au sien et ainsi de suite jusqu'au livreur. Il y a là pour chaque vendeur un paiement à valoir sur la facture qui sera établie une fois la livraison faite.

remises en des délais indiqués (1), la Caisse de liquidation va, à son tour, les transmettre par endossement à l'un de ses acheteurs : *tout acheteur est tenu d'accepter une filière* alimentant un contrat non liquidé effectivement (2). La Caisse de liquidation n'a point à rechercher à quel achat correspond la vente ainsi exécutée, l'application des filières étant faite par la Caisse en suivant l'ordre d'inscription des acheteurs dans les registres (3). Si cependant une personne est en même temps acheteur et vendeur sur le même mois, la Caisse de liquidation laisse ses opérations ouvertes, faisant ainsi une compensation qui ne devient définitive qu'autant que l'intéressé renvoie les avis d'inscription liés. Cela n'entrave en rien la compensation avec un autre bulletin d'achat, si telle est la volonté de l'intéressé. Nous rentrons ainsi dans le cas de liquidation anticipée facultative pour l'opérateur.

L'acheteur qui reçoit une filière, ou bien veut prendre

____

(1) Conditions générales, art. 13 : les filières mises en circulation sont acceptées par la Caisse jusqu'à quatre heures ; elle fait toute diligence pour les transmettre au plus tôt. Celui qui reste en possession d'une filière à la fin du troisième jour, à quatre heures, de son émission, ne peut plus la mettre en circulation, il est obligé de prendre livraison. — Havre, art. 31 ; Hambourg, art. 18.

(2) Roubaix, art. 16 ; Havre, art. 29 ; Hambourg, art. 19.

(3) Roubaix, art. 16, al. 2. — L'avis suivant est adressé à l'acheteur à qui l'application de la filière a été faite :

Monsieur, j'ai l'honneur de vous informer qu'à compter de ce jour, environ... kilogr. de... type... sont à votre disposition dans les Magasins généraux de... en exécution de votre Bulletin d'achat inscrit dans nos livres le... sous le n°...

Je vous remets sous ce pli les pièces justificatives exigées par l'art... des Conditions générales pour...

Je vous rappelle qu'avant l'enlèvement de la marchandise qui doit avoir lieu au plus tard le..., avant midi, vous devrez payer au livreur, contre la production de la présente, la somme de... basée sur le cours officiel de la veille, fixé à...

Le Directeur de la Caisse.

livraison, *arrêter* la filière : il doit alors le déclarer par écrit à la Caisse de liquidation et *à l'émetteur* de la filière (1); — ou bien, il veut appliquer cette filière à la couverture d'une vente : il doit alors renvoyer à la Caisse dûment signé l'avis de livraison et les pièces à l'appui avec son avis d'inscription de vente (2) : la Caisse va en faire l'application à un autre acheteur, et ainsi de suite jusqu'à ce que la filière soit échue ; — ou bien enfin, si, au cas de spéculation à la baisse par exemple, il n'a pas, au moment où il reçoit la filière, de contrat de vente déjà conclu, il revendra immédiatement en Bourse, la quantité dont il est livré : le courtier fera la déclaration de vente, remettra à la Caisse le bulletin de vente et la filière liés (3) : la filière réendossée par la Caisse sera transmise à un autre acheteur et ainsi de suite jusqu'à ce qu'elle soit arrêtée ou échue.

c) *Règlement.* — Au cas d'arrêt ou d'échéance de la filière, le Bulletin d'achat doit être rendu à l'employé de la

---

(1) Roubaix, art. 15. — Monsieur, la Caisse de liquidation et de garantie m'a remis un avis, avec les pièces à l'appui, en m'informant que vous tenez à ma disposition dans les magasins généraux de..... environ..... kilog. type...

J'ai l'honneur de vous informer que je prendrai livraison de cette marchandise et vous prie de m'en faire parvenir la facture.

Signature.

Le même accusé de réception est adressé au Directeur de la Caisse.

(2) Monsieur le Directeur, mon intention n'étant pas de prendre livraison de la marchandise qui fait l'objet de votre avis du... n°.... je vous le renvoie avec les pièces justificatives qui y sont jointes.

Je vous adresse en même temps le Bulletin de vente que vous m'avez délivré le... sous le n°..., pour couvrir cette opération.

Signature.

(3) Havre, art. 28 : « Au cas de revente, *filière en mains*, la déclaration doit être présentée sans aucun retard. La filière est remise à la Caisse de liquidation qui la transmet à nouveau ». Hambourg, art. 23.

Caisse de liquidation à la présentation et en échange de la filière qui l'alimente (1).

La Caisse de liquidation, dit le Règlement du Havre, a ainsi rempli ses obligations et n'encourt plus aucune responsabilité, à l'exception de celle qui incombe à tout endosseur de filière, à savoir : livrer à la place du créateur de la filière, si celui-ci n'est pas en mesure de le faire, ou recevoir si le dernier receveur ne se présente pas à la livraison.

Notamment, la Caisse de liquidation n'est responsable, ni des livraisons consenties sans paiement préalable, ni des versements faits en totalité ou à valoir sur les sommes indiquées sur les filières, ni des différences de poids, des raréfactions ou des magasinages (2). Le tout devant être réglé directement entre le livreur et le receveur sous leur responsabilité, conformément aux conditions du marché à terme.

Le prix d'émission est payé par le receveur au livreur (3) : la Caisse de liquidation règle ensuite avec chaque contractant sur la présentation des bulletins et en tenant compte de la somme versée à valoir (4). « Comme l'endos de la Caisse alterne régulièrement avec celui de ses clients, ce règlement est exactement semblable à celui qui résulterait d'une compensation. Si bien que le prix d'émission n'a d'intérêt que

----

(1) Havre, art. 34.

(2) *Id.*; Hambourg, art. 23; Roubaix, art. 1ᵉʳ, al. 2 cité, p. 20. Conditions générales, art. 13 : le porteur d'une filière a le droit, avant d'en prendre possession, d'aller vérifier l'état des balles aux Magasins généraux et de réclamer, une fois seulement, deux mètres de ruban de peigné qui lui sont délivrés gratuitement ; et article 14 *in fine* : les difficultés qui pourraient se présenter lors de la livraison sont réglées en dehors des endosseurs de la filière, c'est-à-dire entre le livreur et le receveur directement, sauf recours à la Chambre arbitrale.

(3) Havre, art. 35; Roubaix, art. 19; Hambourg, art. 22.

(4) Havre, art. 36.

pour l'émetteur qui doit à la Caisse la différence entre ce prix et le sien ou le reçoit suivant le cas, et le receveur qui est dans la même situation. Toute filière se ramène à un seul type où figurent seulement trois noms : émetteur, Caisse, receveur » (1). Vendeur et acheteur vis-à-vis de chacune des parties intermédiaires, la Caisse crédite ou débite simplement leur compte de la différence qui résulte de l'opération.

d) Liquidation d'office. — Vis-à-vis du contractant qui fait défaut, la Caisse agit en vendeur non payé ou en acheteur non livré : au cas de non-paiement par le réceptionnaire, elle n'est couverte que par une *garantie réelle*, procurée par la marchandise, le dépôt et les marges, au cas de non-livraison, par une *action directe* contre l'émetteur également garantie par le dépôt et les marges versées, mais ses *garanties personnelles* contre les endosseurs successifs, débiteurs subsidiaires dans l'ordinaire liquidation par filières, ont disparu par ce fait que la Caisse étant vendeur ou acheteur, vis-à-vis de chacun d'eux, leurs marchés en sens contraire se sont annulés d'eux-mêmes par compensation : c'est également une action principale et directe que la Caisse exercera contre eux pour obtenir, si besoin est, le versement de la différence entre le prix de vente et le prix d'achat et là encore elle est couverte par le dépôt et les marges.

« Le vendeur à découvert qui a négligé de créer une filière dans les délais fixés est en défaut. En conséquence, la Caisse *liquide d'office* ses opérations aux risques et périls des intéressés. — De même le défaut de paiement d'une filière à l'échéance entraîne la liquidation d'office par la Caisse de liquidation aux risques et périls du défaillant. Dans ce cas,

----

(1) Patoux, *op. cit.*, p. 269.

toutes les affaires en cours pour le compte du défaillant peuvent être liquidées d'office » (1). — Et Règlement du Havre : « Au plus tard vingt-quatre heures avant l'expiration du délai stipulé au marché pour la création des filières, le vendeur a l'obligation de présenter à la Caisse de liquidation une filière (ou un bulletin de rachat), faute de quoi la Caisse de liquidation est en droit de *liquider d'office* pour compte du contractant. » (2).

La Caisse *liquide d'office*, c'est-à-dire qu'elle fait revendre ou racheter en Bourse, se couvrant ainsi par un marché en sens contraire qui lui permettra d'exécuter le contrat vis-à-vis de la partie non en défaut et de remplir ainsi son obligation de garantie. Elle sera au besoin couverte de la différence de prix par le versement déjà effectué du déposit et des marges, — la circulation et l'endossement d'une filière ne suspendant pas le paiement des marges qui restent dues jusqu'à la livraison terminée et l'affaire liquidée et réglée (3).

e) Précautions contre les ÉTRANGLEMENTS. — Il nous faut enfin signaler deux dispositions, d'une grande utilité pratique, spéciales aux Caisses de Roubaix et du Havre. L'article 13 du Règlement de Roubaix-Tourcoing porte, sous le titre significatif de « *Manœuvres illicites* » : « Si pour quelque cause que ce soit, le prix du mois dépassait de 10 0/0 la cote d'un des trois mois suivants, le Conseil d'administration et le Bureau de la Chambre arbitrale réunis auraient le droit, s'ils le jugeaient nécessaire, de retarder l'échéance d'une ou plusieurs filières, en faisant bonifier par l'émetteur au receveur, pour chaque période complète de cinq jours francs de

---

(1) Roubaix, art. 20 et 21.
(2) Havre, art. 32; Hambourg, art. 24.
(3) Havre, art. 30, Roubaix, art. 17.

retard, un pour cent de la valeur calculée sur le prix de vente desdites filières ». — Le Règlement du Havre s'exprime en termes plus généraux (article 20, al. 3) : « En cas de nécessité imposée par l'état du marché, la Caisse de liquidation agissant aux lieu et place et aux risques et périls du défaillant, aura le droit, sans encourir de ce fait aucune responsabilité, d'effectuer au Havre ou sur toute autre place, même à l'étranger, toutes opérations qu'elle jugerait nécessaires ou utiles pour atténuer les engagements et tendre à la liquidation finale ».

Il s'agit ici, comme on voit, — et sans reparler des précautions préalables déjà signalées : élévation du déposit original, faculté de refuser l'enregistrement de nouveaux contrats, — de mesures prises, pour parer aux *étranglements.* du marché. Un mois est dit étranglé, dans le langage des Bourses, quand les vendeurs sont mis hors d'état de satisfaire les acheteurs à terme qui exigent la livraison effective, soit à la suite de cas de force majeure, — retard dans la fabrication ou dans les arrivages, — soit à la suite de certaines manœuvres, — les acheteurs exigeant la livraison d'une denrée alors qu'ils ont préalablement accaparé tout le stock disponible. — Pour obvier à ces dangers, on a admis sur certains marchés, notamment à Paris, que la Commission directrice de la Bourse pourrait alors, dans certains cas (1), autoriser les vendeurs à résilier purement et simplement les contrats, en liquidant sur un prix de compensation, fixé par la Commission elle-même et basé sur le cours du disponible. Ce remède, nul

---

(1) S'il s'agit de produits dits à *fin de mois illimitée*, c'est-à-dire de ceux que le vendeur doit se procurer coûte que coûte : pour les articles à *fin de mois limitée*, la faculté de *retarder* la livraison d'un mois sur le mois suivant est accordée au vendeur moyennant une indemnité à payer à l'acheteur Voir notamment *Règlement des Cafés*, art. 13, sq.

doute que la Caisse du Havre, étant donnée la généralité des termes du Règlement, le puisse appliquer tel quel.

La clause du Règlement de Roubaix-Tourcoing paraît plus pratique encore : elle réduit en effet, pour ainsi dire *automatiquement*, le nombre des opérations à liquider à celui des filières livrables, sans atermoyer ainsi toutes les opérations par une sorte de faillite collective. D'autre part, la marchandise attendue peut arriver dans un bref délai ; les accapareurs sont par excellence, a-t-on dit, les « hommes d'un instant » (*minute men*); s'il s'agit en effet de produits naturels du sol (1) les approvisionnements, les réserves sont multiples, le stock invisible souvent important : la facilité des moyens de transport permettra de les apporter rapidement sur la place étranglée : l'indemnité de 1 0/0 par cinq jours de retard dans la livraison pour indemniser le récepteur des dommages qui peuvent résulter pour lui de ce retard, paraît proportionnelle au préjudice qu'il aura à subir. — Ce remède, la Caisse du Havre peut également l'employer, avec plus de latitude encore, soit dans la détermination du délai, soit dans la fixation du chiffre de l'indemnité à verser par l'émetteur au receveur. — Enfin, il ne peut être ici question que de mesures exceptionnelles, prises par la Caisse en cas de nécessité absolue, et normalement, la Caisse de liquidation exécutera le livreur, qui, à l'échéance, fera défaut.

La liquidation des affaires à terme sur marchandises ainsi opérée, avant ou à l'échéance, par l'intermédiaire de la Caisse de liquidation et de garantie, nous apparaît donc comme résultant de procédés originaux, profondément différents des modes

---

(1) Le danger serait plus grave et la perturbation du marché plus durable s'il s'agissait de produits de fabrique.

employés par les *Clearings-House* ou *Chambres de liquidation* qui fonctionnent auprès de certaines Bourses de commerce étrangères.

Ces Clearings, — qu'il faut d'ailleurs se garder de confondre avec les *Clearings-House, Chambres de compensation des chèques*, vraies Banques de banquiers et qui servent aux banquiers d'une même place pour éviter les mouvements d'espèces, — paraissent avoir pris naissance à Glascow en 1875, à Liverpool en 1876, pour remédier à la lenteur des procédés précédemment employés sur ces places, pour la liquidation des opérations à terme. Depuis, d'autres Clearings furent fondés à Londres en 1888 (*The Beetroot Sugar Association*), l'ancienne *Contract Association* (1), à New-York en 1888, à Chicago en 1883 (*Clearing-House of The Board of Trade*), à Minneapolis en 1891 (*Chamber of Commerce Clearing Association*), à Amsterdam, etc... Quelle que soit l'organisation intérieure de ces Clearings (2), qu'ils emploient ou non le système des déposits et des marges ou seulement

---

(1) Il faut dire l'*ancienne Contract Association*, comme le faisait justement remarquer M. Viéville, président du Syndicat des Fabricants de sucre à l'Assemblée générale du *Syndicat du commerce des sucres*. La *Contract Association*, fondée en 1898 pour remplacer l'ancien *London produce Clearing House*, n'exigeait pas le déposit original : elle se bornait à inscrire les marchés des contractants et à veiller au versement des marges ; elle n'était d'aucune façon responsable des marchés qu'elle enregistrait et limitait, en réalité, son office à faire la police des marges. Mais, depuis janvier 1905, la *Contract Association* a modifié ses statuts ; elle exige comme les Caisses du Havre et de Roubaix, le déposit original et le versement des marges ; comme elles, elle est aujourd'hui responsable de la bonne liquidation des marchés qu'elle enregistre.

V. *Réforme économique*, 12 novembre 1905.

(2) V. Senn, *op. cit.*; Hayem, *Opérations à terme sur les marchandises*, thèse, Paris, 1894; Haristoy, *op. cit.*; Sonndorfer, *op. cit.* — Voici le principe du fonctionnement de ces Clearings : le livreur met en circulation une filière sur laquelle les vendeurs successifs indiquent le prix auquel ils ont

l'un ou l'autre de ces systèmes, ils n'apparaissent que comme de simples bureaux de compte, — parfois simples annexes de l'administration des Bourses, — pures institutions de dépôt et de compensation destinées à faciliter les règlements des comptes entre membres d'une même Bourse et repoussant d'une manière absolue *toute responsabilité* pour les opérations dont ils effectuent la liquidation (1).

Toute différente est la situation des Caisses de liquidation dont les statuts posent en première ligne, « l'obligation de garantir aux tiers la bonne exécution des opérations à terme sur marchandises », et seulement ensuite celle de « liquider à l'échéance ou par anticipation ces mêmes opérations (2) ». Et même pourrait-on dire en toute rigueur, que cette seconde obligation n'avait pas besoin d'être formulée : elle s'impose, la première étant admise, et de là découle la différence essentielle qui sépare les Caisses de garantie et de liquidation de toutes les institutions de liquidation et de compensation, — Chambres de liquidation, Clearing-House des chèques, liquidation de la

contracté ; l'arrêteur la remet au siège du Clearing, où, à l'aide de renseignements fournis par les intéressés, il est aisé d'établir le compte de ce qui revient aux uns et de ce dont les autres sont débiteurs. Les versements et les encaissements s'opèrent par l'intermédiaire du Clearing House, généralement au moyen de chèques tirés à l'ordre d'une Banque choisie par l'Administration de la Bourse, ou fournis sur cette Banque, ce qui évite tout mouvement de fonds.

La simplification fait un nouveau pas, lorsque le Clearing, jouant le rôle de banquier, ouvre à ses membres des comptes où sont passées toutes les différences résultant des opérations traitées sur un même mois ; ces comptes, crédités des bénéfices et débités des pertes, ne sont soldés qu'après la clôture de la liquidation. Une saine organisation exige que le Clearing ne fasse jamais d'avances à ses membres ; aussi les titulaires de compte sont-ils tenus, lorsque la liquidation doit se solder pour eux en perte, d'opérer un versement anticipé à leur crédit. Hayem, p. 120.

(1) *Règlement de la Bourse des blés de Liverpool*, Section D, art. 16.

(2) Roubaix, *Statuts*, art. 2 ; Havre, *id.*

Chambre syndicale des agents de change, — que nous voyons prêter leur ministère aux opérateurs, mais sans s'être substituées à eux, sans prendre les marchés à leur propre compte.

La Caisse de liquidation nous est apparue, en effet, comme *partie aux contrats* enregistrés par elle. D'où ceci, que la liquidation centralisée qui s'opère chez elle, se ramène finalement à un *total de simples règlements ordinaires*, intervenus entre chacun des opérateurs, acheteurs ou vendeurs, et la Caisse vendeur ou acheteur elle-même, — *règlements ordinaires qui n'interviennent, comme dans la liquidation par filières, qu'à la demande qu'en fait la contre-partie.* Si, d'une part, un opérateur a conclu deux marchés en sens contraire, ces marchés s'annuleront, par compensation, exactement comme s'il avait traité (achat, puis vente sur le même mois) avec tout autre négociant : mais encore doit-il, avons-nous vu, manifester sa volonté et demander la liquidation anticipée en renvoyant les deux Bulletins d'achat et de vente liés (1). — D'autre part, pour les livraisons à faire ou à recevoir, — et ceci rappelé que, normalement du moins, la Caisse ne faisant jamais d'opérations à découvert, ne peut jouer que le rôle d'*endosseur*, — nous ne lui voyons une autre qualité et d'autres devoirs que ceux d'un acheteur ou d'un vendeur intermédiaire quelconque dans une filière, la recevant d'un vendeur primitif pour la transmettre à son propre acheteur. En un mot, sa qualité et ses obligations de liquidateur ne sont autres que sa qualité et ses obligations d'acheteur ou de ven-

----

(1) Roubaix, art. 18, voir l'ancien art. 17, 2° : « Si cependant une personne est en même temps acheteur et vendeur, la Caisse laisse ses opérations ouvertes faisant ainsi une compensation qui ne devient définitive qu'autant que l'intéressé renvoie les avis d'inscription liés. Cela n'entrave en rien la compensation avec un autre bulletin achat, si telle est la volonté de l'intéressé ».

deur : elle n'est point un tiers irresponsable, elle est partie aux contrats et comme telle tenue de leur exécution.

Mais partie aux contrats enregistrés par elle, la Caisse de liquidation est, de plus, *contre-partie unique*, interposée entre chaque opérateur, d'une part, et tout le marché de l'autre : la filière que la Caisse a reçue, puis transmise à son propre acheteur, c'est encore à la Caisse, que ce dernier, vendeur à son tour d'un troisième, va la remettre et ainsi de suite. Tous les marchés passent et repassent ainsi par le canal de la Caisse de liquidation et, concentrés chez elle, vont se fondre ensemble et se liquider à l'échéance : la *compensation*, principe des simplifications apportées au règlement des opérations, s'est opérée *directement* entre les parties contractantes, non plus au moyen d'un *organe de transmission* (1).

Enfin, la Caisse de liquidation joue, de plus, vis-à-vis des contractants, le rôle de *Banquier* : c'est par là qu'elle se rapproche des Clearings-House, c'est ce qui lui permet de réduire au minimum les déplacements de numéraire. En effet, ces marchés qu'elle a exécutés et qui vont se solder en des différences actives ou passives, ces sommes, déposits et marges, qu'elle a reçues à titre de couverture, la Caisse de liquidation n'en va pas effectuer le règlement effectif en numéraire, encaissement ou versement, pour chaque opération déterminée. Elle ouvre, avons-nous vu, à chacun de ses co-contractants, un *compte courant*, où seront passées toutes les différences résultant des opérations conclues et liquidées, les intérêts des sommes versées en garantie, etc., — compte trimestriel, semestriel ou annuel suivant la convention des parties, dont le règlement seul sera suivi du paiement du

---

(1) « Organe de transmission entre les Banques, telle se définit la Chambre de compensation ». Roche-Agussol, cité par Haristoy, *op. cit.*, p. **272**.

solde, — le solde *reporté* formant ensuite l'article de tête du nouveau compte.

Les fonds ainsi administrés par les Caisses peuvent atteindre des sommes considérables : on conçoit aisément que les conditions de gestion soient déterminées d'une façon minutieuse et précise, que la constitution des Caisses doive offrir, non seulement en tant qu'institutions originales de garantie et de liquidation, mais encore en tant que banques, tous les éléments désirables de solvabilité, de sécurité et de crédit.

Ce sont et cette *constitution* et ces *règles financières* qu'il nous reste à examiner maintenant.

CHAPITRE III

FORME JURIDIQUE ET RÈGLES FINANCIÈRES
DES CAISSES DE LIQUIDATION

Ces deux questions nous retiendront fort inégalement. Sur le premier point, nous serons très brefs, la constitution juridique et le fonctionnement des Caisses de liquidation en tant que sociétés commerciales ne présentant aucune particularité. L'examen critique de leurs principes financiers nous retiendra au contraire plus longuement.

1º Forme juridique

Les Caisses de liquidation que nous étudions sont toutes constituées sous la forme de *sociétés anonymes par actions*. Les Caisses du Havre et de Roubaix sont donc soumises aux prescriptions générales de la loi du 24 juillet 1867 et de celle du 1ᵉʳ août 1893. Ce sont des sociétés de capitaux « libres de gérer leurs affaires comme elles l'entendent, dans les limites fixées par les lois » (1).

Aussi bien l'examen de leurs statuts ne révèle-t-il qu'une stricte application, — mais sans adjonction de rigueurs supplémentaires (2) — des dispositions de la loi. Sans doute,

---

(1) Rapport présenté par M. Dron, député, au nom de la Commission parlementaire des marchés à terme, 1898, page 10.

(1) A signaler cependant cette disposition, assez inutile au reste, des statuts de Roubaix : Art. 1ᵉʳ. « Les actionnaires s'engagent à ne prendre aucun intérêt ni aucune participation, soit directement, soit indirectement, dans aucune autre société concurrente, soit à Roubaix, soit à Tourcoing ».

notre régime français des sociétés par actions, qui consacre
« un mode en quelque sorte automatique de protection » (1)
n'est point à l'abri de toute critique ; nous n'en voyons
point qui soient particulières aux Caisses de liquidation.

On peut noter que ces sociétés, si nettement spécialisées
dans leur objet, si nettement localisées aussi, se sont constituées entre personnes, négociants et industriels, se connais-
sant entre elles à l'avance ; les titres ne sont pas objet de
spéculation.

Pures institutions privées, les Caisses de liquidation sont,
d'autre part, absolument distinctes et indépendantes de la
Bourse de commerce, ou plus exactement des syndicats particuliers et du Syndicat général des opérateurs à la Bourse.
Si à Roubaix des conditions particulières ont rendu plus
étroites les relations de la Caisse avec certains autres organismes, — tel *la Chambre arbitrale et de conciliation pour
laines et peignés,* — la liberté et l'autonomie de la Caisse
n'en subsistent pas moins, entières. Nous verrons que dans
certains projets de développement ou de réforme des Caisses
de liquidation, il en va tout différemment : on prévoit que les
Caisses fonctionneraient avec l'appui des Bourses de commerce et sous le contrôle du Syndicat général. Nous aurons à
revenir sur ce point.

b) Soumises également au régime général des sociétés par
actions, les Caisses allemandes tombent de plus sous l'application du *Börsengesetz* de 1896. Signalons le *haut droit de
surveillance de l'Etat local* établi par l'article 1er, non seulement sur la Bourse elle-même, mais aussi sur les établissements s'occupant des affaires de Bourse, tels que bureaux de
déclarations, *caisses de liquidation,* sociétés de liquidation et

______

(1) Thaller, *op. cit.*, p. 270.

institutions analogues, — l'inscription obligatoire au *registre de bourse* (art. 54-69) dont déjà nous avons parlé..... (1) Ici encore, la constitution et le fonctionnement réguliers de nos sociétés sont garantis par des règles d'ordre général : les statuts ne présentent aucune particularité saillante et se bornent à faire l'application des prescriptions de la loi.

Les dispositions des diverses Caisses touchant la *constitution des réserves*, — dispositions qui nous intéressent particulièrement et qui sont toutes voisines des règles financières que nous allons examiner, — sont les suivantes :

A Roubaix-Tourcoing, il est prélevé sur les bénéfices « d'abord *10 pour cent* pour la constitution du fonds de réserve prescrit par la loi. Ce prélèvement cesse d'être obligatoire lorsque le fonds de réserve atteint le cinquième du capital social ».

« Sur la proposition du Conseil d'administration, l'Assemblée générale pourra décider qu'il y a lieu de faire un prélèvement sur le reste des bénéfices pour constituer un fonds de prévoyance » (2).

---

(1) V. page 40.

(2) Roubaix-Tourcoing (*Statuts*, art. 43).

Bilans au 31 décembre :

Années	Capital	Réserves	
			légale.
			statutaire.
			de prévoyance.
1901. . . .	1.200.000 fr.	340.470 fr.	
1902. . . .	—	344.711	
1903. . . .	—	345.324	
1904. . . .	—	361.649	
1905. . . .	—	383.733	
1906. . . .	—	407.549	

Au Havre, « il est prélevé annuellement et successivement sur le solde net :

1° *Cinq pour cent* pour constituer la réserve légale jusqu'à ce que cette réserve ait atteint le dixième du capital social.

2° *Dix pour cent* pour constituer un autre fonds de réserve destiné à compenser les pertes possibles et ce jusqu'à ce que ce fonds spécial ait atteint une somme égale au dixième du capital social, avec faculté au Conseil d'administration de dépasser le quantum de 10 0/0 fixé ci-dessus s'il y a lieu de reconstituer tout ou partie de cette réserve.

3° *Quinze pour cent* pour alimenter la réserve dite de prévoyance, votée par l'Assemblée générale du 23 décembre 1890 » (1).

A Hambourg, il est prélevé sur le bénéfice net :

1) Une somme d'au moins *5 0/0*, de *15 0/0* au plus, suivant décision du Conseil d'administration, pour la constitution de la réserve jusqu'à ce que cette réserve ait atteint 25 0/0 du capital social.

2) *5 0/0* au moins et *10 0/0* au plus, pour la constitution

----

(1) Le Havre (*Statuts*), art. 46.

Bilans au 30 septembre :

Années	Capital	Réserves	légale. statutaire. de prévoyance.
1900. . . .	6.000.000 fr.	790.058 fr.	
1901. . . .	—	1.114.853	
1902. . . .	—	1.373.333	
1903. . . .	—	1.472.156	
1904. . . .	—	1.725.600	
1905. . . .	—	1.837.941	
1906. . . .	—	1.954.411	

d'un fonds de réserve spéciale destiné à compenser les pertes possibles » (1).

On voit comment, sur ce point, les deux Caisses de liquidation du Havre et de Hambourg, ont largement accepté leurs obligations et ont pu ainsi constituer de fort riches réserves.

2⁰ **Règles financières**

Les Règles financières des Caisses de liquidation ressortissent de trois chapitres distincts :

1⁰ En raison même de l'enregistrement des contrats, soit d'achat, soit de vente, la Caisse de liquidation perçoit d'abord une certaine *commission*, rémunération de la garantie qu'elle apporte à la bonne exécution des marchés ;

2⁰ En second lieu, la Caisse de liquidation jouant le rôle d'une *Banque de dépôt et d'escompte*, accorde *un intérêt* sur toutes sommes, déposits, marges, versements en compte courant, qui lui sont payées ; pour toute affaire liquidée avant l'échéance, la Caisse, tenant immédiatement, comme nous l'avons vu, à la disposition de ses clients créditeurs les soldes qui leur reviennent ou percevant immédiatement les soldes

---

(1) Hambourg (*Statuten*), art. 26.

Bilans au 31 décembre :

Années	Capital	Réserve légale	Réserve spéciale
	Marks	Marks	Marks
1900. . . .	3.000.000	686.937	398.091
1901. . . .	—	750.000	448.030
1902. . . .	—	—	492.270
1903. . . .	—	—	662.138
1904. . . .	—	—	679.240
1905. . . .	—	—	752.116
1906. . . .	—	—	821.311

qui lui sont dus, fait le *décompte des intérêts* à courir entre la date de la liquidation de l'affaire et l'échéance primitivement fixée. Elle réalise un certain bénéfice de ce fait que, comme les établissements de Banque, elle applique deux taux différents : l'un plus élevé pour les paiements qu'elle fait par anticipation, l'autre moins élevé pour ceux qu'elle reçoit.

3° Enfin, la Caisse de liquidation garantit la commission du courtier, le *courtage*, et le perçoit pour lui.

I. *Commission.* — Le taux de la commission perçue par la Caisse est déterminé d'une manière ferme par les différents Règlements.

Au Havre, « la commission due à la Caisse de liquidation, en raison de l'enregistrement d'un contrat et prélevée par elle, est, achat et vente :

Pour le coton : 0 fr. 15 par balle, payables à raison de 0 fr. 05 par le courtier, 0 fr. 05 par l'acheteur et 0 fr. 05 par le vendeur.

Pour le café : 0 fr. 05 par sac, payables par le courtier.

Pour le poivre : 0 fr. 05 par sac, payables 0 fr. 03 par le courtier, 0 fr. 01 par l'acheteur, 0 fr. 01 par le vendeur.

Pour le saindoux : 0 fr. 12 par tierçon, payables par tiers par le courtier, l'acheteur et le vendeur.

Pour la laine : 0 fr. 40 par balle, payables par le courtier.

Pour le cuivre : 1 franc par tonne, payable par le courtier.

Pour l'indigo : 1 fr. 50 par caisse, payables par le courtier.

Pour le cacao : 0 fr. 10 par contrat, payables par le courtier.

Le nombre des balles, sacs, tierçons, caisses, tonnes, indiqués comme unités de contrats, sert de base fixe pour le calcul de la commission (1).

A Roubaix-Tourcoing, « chaque opération de vente inscrite par la Caisse de liquidation et de garantie donne lieu à la perception d'une commission de 15 francs à son profit » (2).

A Hambourg, l'enregistrement du double contrat de vente et d'achat par la Waaren-Liquidations-Casse donne lieu à la perception d'une commission de 16 marks (3).

Au Havre, la commission fixée est portée au débit du Bordereau de liquidation ; la perception s'opère donc, — au moins dans les cas où vendeur et acheteur sont tenus de payer une partie de la commission, — par voie de retenue, soit sur le solde créditeur des contractants, soit sur les sommes qu'ils ont versées à titre de déposit ou de marges ; dans les autres cas, seulement, elle est prélevée tout entière sur le courtage (4). A Roubaix, comme à Hambourg, la commission est toujours prélevée sur le courtage et portée au débit du compte du courtier qui a fait inscrire l'opération à la Caisse (5).

Si les contractants ont apporté directement et sans l'intermédiaire du courtier, leurs déclarations à la Caisse (Havre et Hambourg), ils se trouvent tenus, en outre de leurs obligations comme contractants, de toutes les commissions ou taxes que les usages de place mettent à la charge du courtier, sans en excepter les frais de dépêches, arbitrages, etc., la commission est alors due en totalité par les titulaires nominatifs des

---

(1) Havre, art. 26.
(2) Roubaix, art. 22.
(3) Hambourg, art. 28.
(4) Havre, art. 26.
(5) Roubaix, art. 22 ; Hambourg, art. 28.

bulletins délivrés et portée au débit du bordereau de liquidation (1).

Ajoutons enfin que les Règlements du Havre généralisent et
tarifient de façon uniforme certains cas que les règlements
des autres Caisses passent sous silence, se réservant de les
comprendre ou non, dans les conditions particulières qu'elles
peuvent accorder à telle ou telle maison. « Quand par rachat
ou revente déclarée comme clôture d'un contrat, la liquidation
est faite dans les cinq jours de la date du premier bulletin qui
marque l'ouverture, la commission fixée et due par le titulaire du bulletin est réduite de moitié. L'opération d'achat
liquidée par la réception effective dé la marchandise et de
même l'opération de vente, liquidée par la livraison effective
de la marchandise, ne sont taxées respectivement que sur la
partie du marché, achat ou vente, enregistrée » (2).

II. *Escomptes et intérêts.* — Il est clair, — et c'est là une
grave critique qu'on ne manquera pas d'adresser, comme
nous le verrons plus tard, aux Caisses de liquidation, — que
le système des déposits et des marges impose aux opérateurs
des charges parfois bien lourdes, par l'*immobilisation* des
capitaux qu'il exige. Réservant la discussion de cette critique
au point de vue proprement économique, nous nous bornerons ici à faire remarquer que la technique même des Caisses
apporte à cette immobilisation *deux correctifs* importants :
d'une part, en effet, nous avons vu (au chapitre II de cette
première partie) comment la Caisse de liquidation, de par son
principe même, non seulement admettait, mais encore provoquait, favorisait la liquidation anticipée, en multipliait les
procédés, de façon à réduire au strict minimum le laps de

____

(1) Havre, art. 4.
(2) *Id.*, art. 26 *in fine*.

temps pendant lequel les sommes seront immobilisées de la sorte en garantie d'une opération déterminée.

D'autre part, et c'est ici précisément le lieu d'examiner le second correctif, il faut bien voir que les sommes ainsi déposées en couverture, — original déposit, marges, versements en compte courant, — *ne sont point improductives* : la Caisse de liquidation qui va les utiliser, s'efforcer de les faire fructifier pour elle-même, accorde en revanche aux opérateurs déposants un intérêt assez élevé : elle va jouer le rôle d'*une Banque de dépôts*.

a) Déterminons d'abord le *taux* de l'intérêt alloué par les Caisses aux déposants, avant de rechercher l'*emploi* qu'elles peuvent faire des capitaux à elles confiés.

« Le taux de l'intérêt sur original déposit, marges et toutes autres sommes versées en compte courant, dit le Règlement du Havre, est fixé par le Conseil d'administration qui peut toujours le modifier, même pour les affaires en cours (1) ».

Ainsi, à la différence des autres Caisses de liquidation qui ont adopté, pour la fixation de ce taux, certain rapport fixe avec le taux d'escompte fixé par la Banque d'émission nationale (Banque de France ou Reichsbank) le Conseil d'administration garde en cette matière tout pouvoir. Pratiquement, nous a-t-on dit, c'est bien le taux de la Banque de France qui va servir d'étalon : l'intérêt alloué par la Caisse du Havre oscille, suivant les conditions particulières, entre 1/2 et 1 0/0 au-dessous du taux de la Banque de France avec maximum de 3 0/0.

A Roubaix-Tourcoing, l'intérêt est invariablement fixé à 1 0/0 au-dessous du taux d'escompte de la Banque de

______

(1) Havre, art. 24.

France avec maximum de 3 0/0, pour les déposits et les marges faits en espèces (1).

A Hambourg, même principe : l'intérêt alloué par la Caisse est de 1 0/0 au-dessous du taux d'escompte de la *Reichsbank* avec maximum de 3 0/0 (2).

Ces intérêts vont courir du lendemain du versement au jour de la liquidation des contrats.

Il faut également remarquer que les Caisses de liquidation peuvent ouvrir à leurs clients *des comptes de dépôts libres* : celle de Roubaix le prévoyait explicitement et allouait à ces dépôts un intérêt de 1 0/0 au-dessous du taux de la Banque de France, avec le même maximum de 3 0/0 (3).

b) Ces ressources nouvelles, déposits et marges, que l'enregistrement des contrats ou les variations de cours vont apporter automatiquement pour ainsi dire aux Caisses de liquidation, — ressources nouvelles le plus souvent *supérieures* aux capitaux appartenant en propre aux Caisses, de même que dans les Sociétés de dépôts, le capital « de travail » se trouve, pour la plus grande partie, fourni par le public (4), — la Caisse de

______

(1) Roubaix, ancien art. 26. L'art. 25 du nouveau Règlement laisse tout pouvoir au Conseil d'administration dans la fixation du taux de l'intérêt.

(2) Hambourg, art. 9 (déposit) ; art. 14 (marges).

(3) Roubaix, ancien art. 26 *in fine*.

(4) Caisse de liquidation du Havre :

ANNÉES	RESSOURCES PROPRES. Capital et réserves	RESSOURCES PROVENANT DES TIERS. Comptes créditeurs. Comptes-courtages Contrats en liquidation
1900.	6.790.000 fr.	14.609.860 fr.
1901.	7.114.850	6.955.000
1902.	7.373.330	8.768.460
1903.	7.472.160	9.090.820
1904.	7.725.600	9.431.865
1905.	7.837.941	12.190.702
1906.	7.954.411	10.326.385

liquidation ne va point les laisser dormir dans ses coffres : elle doit les faire fructifier de façon à pouvoir d'abord leur allouer un intérêt, à en retirer ensuite pour elle-même un certain bénéfice. Quels *emplois* va-t-elle faire de ces ressources ?

Une énumération des emplois possibles ou des conditions déterminées de ces emplois, venant enfermer en d'étroites limites la prudence des directeurs et administrateurs, nous paraîtrait ici fort désirable, — et cela, outre les raisons générales qui interviennent pour restreindre la liberté d'action de ceux qui travaillent avec l'argent d'autrui, pour deux motifs tout spéciaux aux Caisses de liquidation : le premier, c'est que la plupart de ces dépôts qui paraissent à première vue effectués pour une période déterminée et généralement assez longue (celle même de l'opération à terme), vont se trouver, de par la possibilité de la liquidation anticipée, ramenés à une période indéterminée et plus courte, d'où la nécessité de ne les faire servir qu'à des emplois facilement et rapidement réalisables. D'autre part, c'est précisément pendant les périodes de forte spéculation, que la Caisse va se trouver — de par le versement de marges plus élevées, provoqué par de plus rapides et plus fortes variations des cours, — détentrice de ressources plus considérables : mais n'est-ce pas aussi pour elle le moment de redoubler de prudence ?

C'est pourquoi telle disposition des statuts de Roubaix-Tourcoing : « L'objet de la Société est... 2° de fonder ou reprendre ou d'exploiter tous établissements ou institutions susceptibles de répondre aux besoins, ou de contribuer à la prospérité et au développement du commerce et de l'industrie de Roubaix et de Tourcoing, ou de favoriser et de faciliter les opérations de ce commerce et de cette industrie, en ce compris tous les développements ou modifications que l'avenir pourra y introduire » (1) — nous paraît imprudente et dangereuse dans sa généralité alambiquée et pourrait, étant donné l'objet premier de la Société (liquidation et garantie), l'exposer à de graves mécomptes, elle et ses clients.

Les statuts de la Caisse du Havre, nous disent que « l'objet de la Société est la liquidation, avant ou à l'échéance des affaires en marchandises et la garantie desdites opérations de liquidation, *ainsi que* des avances sur titres, marchandises et warrants (2). Mais il ne faut point considérer cette dernière énumération comme limitative.

Les statuts de la Waaren-Liquidations-Casse de Hambourg posent d'une façon générale que « le devoir de la Société est de donner à ses propres capitaux comme à ceux qui lui seront confiés, un emploi sûr et fructueux, notamment par des avances sur gages » (3).

Les *avances sur titres, marchandises et warrants* constituent, en effet, un emploi tout naturel que peut faire la Caisse de liquidation de ses ressources, — avances qui porteront sur ces valeurs, marchandises ou warrants, remis, soit à titre de marges ou déposits, soit en dehors de toute affaire déterminée. La Caisse de liquidation perçoit alors un intérêt fixé par les conditions particulières ou bien, comme à Roubaix, un intérêt « représentant la différence entre le taux des avances que la Banque de France prélève en pareille circonstance et celui servi dans le cas des dépôts espèces » (4). La Caisse se réserve d'ailleurs le droit de déposer, à ses frais, les titres à la Banque de France et le cédant s'engage à accorder, en tout cas, le temps nécessaire pour les retirer.

---

(1) Roubaix, statuts, art. 2. Il convient d'ajouter d'ailleurs que cette déclaration est restée jusqu'à présent sans effet pratique.

(2) Havre, *statuts*, art. 2.

(3) Hambourg, *statuts*, art. 2.

(4) Roubaix, ancien art. 26, 4°.

L'escompte d'un papier de commerce de bon aloi et à échéance assez courte peut constituer un emploi rémunérateur des capitaux disponibles. Le tableau suivant, établi à l'aide des bilans de la Caisse de liquidation du Havre et qui met, en regard du chiffre de l'actif total, les chiffres des principaux chapitres, va préciser et résumer tout ce que nous pourrions dire sur ce point :

Bilans au 30 septembre :

Années	Actif total	Portefeuille Warrants Avances sur titres	Caisse	Banquiers	Avances sur courtages
1900	22.201.276	12.077.842	365.386	1.320.292	3.634.850
1901	14.643.273	9.839.591	125.107	644.107	1.787.230
1902	16.734.733	12.360.907	380.986	12.762	1.412.416
1903	17.205.234	13.250.912	49.177	108.924	784.005
1904	18.259.490	14.111.638	54.221	28.414	448.124
1905	20.651.707	12.073.908	82.010	196.978	—
1906	18.863.475	10.100.217	3.887	890.666	—

c) Banque de dépôts, la Caisse de liquidation est, de plus, en un sens, *Banque d'escompte*, — et cela, non seulement par cet escompte, extérieur en quelque sorte, que nous venons de voir et qu'elle consent à titre d'emploi de ses ressources disponibles, mais aussi par l'escompte qu'elle applique au règlement des contrats, — conséquence de la liquidation anticipée.

Nous savons, en effet, que la Caisse règle immédiatement et sans attendre l'échéance fixée avec l'opérateur qui lui a adressé un bordereau de liquidation et les deux bulletins d'achat et de vente liés ; l'intérêt de l'opérateur est d'avoir une situation nette, de faire sortir déposit et marges de leur immobilisation forcée pour les employer à d'autres opérations.

S'il résulte du bordereau que le spéculateur a réalisé un bénéfice, ce bénéfice lui est payé sous déduction de l'intérêt du jour du paiement jusqu'au dernier jour du mois sur lequel l'opération était faite ; normalement, en effet, c'est à cette date seulement que l'opérateur eût dû toucher son bénéfice ; la Caisse, remettant en espèces au client le montant d'une créance non encore échue, le fait sous escompte. Si, au contraire, l'opérateur a subi une perte, il peut également la payer sous déduction d'intérêts pour anticipation de paiement ; réglant avant l'échéance le montant d'une dette non encore échue, il garde par devers lui le loyer de l'argent à courir jusqu'au terme fixé.

La Caisse va réaliser un certain bénéfice, de ce que, comme nous le disions plus haut, de même que les établissements de Banque, elle applique deux taux différents : l'un plus élevé pour les paiements qu'elle fait ainsi par anticipation, l'autre moins élevé pour ceux qu'elle reçoit.

« Le taux de l'escompte appliqué au règlement des contrats liquidés, et sauf modification, par le Conseil d'administration est ainsi fixé par le Règlement de la Caisse du Havre :

1° Sur les sommes à recevoir par la Caisse de liquidation, le taux de l'escompte à la Banque de France ;

2° Sur les sommes à payer par la Caisse de liquidation, le taux de l'intérêt des avances sur titres à la Banque de France (1).

---

(1) Havre, art. 24.

Le taux d'escompte adopté par la Caisse de Roubaix est :

1° Escompte de 6 0/0 pour toute somme à payer par la Caisse, calculé pour les différences sur bordereaux créditeurs, du jour inclus de la liquidation jusqu'au dernier jour du mois de livraison.

2° Escompte de 3 0/0 pour toute somme à encaisser par la Caisse, calculé pour les différences sur les bordereaux débiteurs du jour inclus de la liquidation jusqu'au jour du mois de livraison (1).

A Hambourg (2), le taux de l'escompte est fixé à 1 0/0 au-*dessus* du taux d'escompte de la Reichsbank pour toute somme à payer par la Caisse, — à 1 0/0 au-*dessous* du taux d'escompte de la Reichsbank pour toute somme à encaisser par la Caisse avec maximum de 3 0/0, — escompte calculé du jour de la liquidation au premier jour du mois de livraison.

On voit que ces différences sont sensibles et peuvent être pour la Caisse une source de bénéfices assez sérieux.

III. *Courtage.* — Il semble bien, au premier abord, que le *courtage*, — c'est-à-dire la rémunération de l'intermédiaire qui a rapproché les deux opérateurs et fait conclure le marché, — la détermination de son taux, les conditions du paiement, soient une affaire à régler directement entre les contractants et leur courtier, — que la Caisse de liquidation y doive demeurer complètement étrangère.

Il n'en est point ainsi cependant : toutes les Caisses de liquidation que nous étudions, perçoivent le courtage pour le compte de l'intermédiaire et lui en garantissent le paiement.

____

(1) Roubaix, art. 25.
(2) Hambourg, art. 17 *in fine*.

Quelques-unes vont même plus loin encore et fixent le taux du courtage, — graves interventions comme on voit, et qui ne sont point sans soulever de violentes critiques : « Si, dit-on, le commissionnaire se résout à n'être qu'un courtier sans responsabilité, rapprochant A de B et les conduisant à la Caisse, c'en est fait de l'un des rouages les plus essentiels à une place, celui des intermédiaires faisant naître les affaires et servant d'écran responsable : le *ducroire* aura vécu ! (1) ». Ce à quoi il est facile de répondre que, d'une part, le rôle des intermédiaires n'est en rien supprimé par l'existence d'une Caisse de liquidation, que certaines mêmes ne reçoivent de déclarations que des seuls courtiers et que, d'autre part, une Caisse de liquidation n'est pas autre chose, sous une forme particulière, que la généralisation et le renforcement du *ducroire*. Aussi bien, cette critique rentre-t-elle dans une autre, d'ordre plus général, à savoir celle de la toute-puissance exercée sur une place donnée par la Caisse de liquidation, — critique sur laquelle nous aurons à revenir plus longuement, au point de vue proprement économique. Nous nous bornons, pour l'instant, à exposer le mécanisme et ses raisons techniques.

Or ces raisons nous semblent ici très nettes : tout d'abord, on peut voir dans cette intervention de la Caisse, un moyen très simple pour elle de mieux tenir sous sa surveillance et son contrôle, sous sa dépendance pour tout dire en un mot, les courtiers, ses principaux clients. Ce moyen lui permet, en second lieu, d'accroître encore la part des ressources fournies par les tiers, de tout le montant des courtages qui, portés au crédit des courtiers sur un compte spécial non productif d'intérêts, seront réglés seulement à certaines époques, — et

____

(1) Emile Guilmard, *op. cit.*, p. 52.

sous escompte pour tenir compte des avances faites par la Caisse sur les affaires non encore liquidées (1). On peut y voir enfin un procédé qui assure à la Caisse une perception de sa propre commission, plus facile, — étant prélevée directement sur le montant du courtage, — et plus sûre, — le déposit et les marges restant ainsi purement affectés aux risques de l'opération proprement dite.

Quant au courtier, il va gagner à cette intervention la certitude que sa commission lui sera effectivement payée. C'est encore là un des aspects de la Caisse de liquidation, institution de garantie.

Nous voyons ainsi qu'au Havre, « par le seul fait qu'un contrat enregistré a été déclaré par le courtier intermédiaire avec inscription de son nom sur la déclaration, le courtage est dû à la Caisse de liquidation qui, de son côté, le garantit au courtier ».

Le montant du courtage, inscrit au bordereau de liquidation, est perçu et porté au crédit du ou des (2) courtiers à titre de dépôt sans intérêt, après déduction de la commission, des frais et taxes mis à la charge du courtier par le présent règlement et par les usages de la place » (3).

Ici donc, la Caisse n'intervient pas dans la détermination

----

(1) Ces comptes-courtages se montaient au passif de la Caisse de liquidation du Havre (bilans au 30 septembre) :

1900. . . .	162.574 fr.	95
1901. . . .	147.895	40
1902. . . .	152.977	45
1903. . . .	124.128	65
1904. . . .	252.373	60
1905. . . .	203.930	55
1906. . . .	241.082	»

(2) Deux courtiers ont pu faire l'affaire de compte à demi, l'un ayant procuré le vendeur, l'autre l'acheteur.

(3) Havre, art. 24.

du taux du courtage : les parties restent libres d'en fixer le
montant qui peut varier, suivant les articles, les usages et
les conditions particulières à intervenir entre le courtier et
ses clients, de 1/16 à 1 0/0.

A Hambourg, la Caisse garantit au courtier, pour toute affaire
enregistrée, un courtage de 1/2 0/0, chacun des contractants
en étant débiteur pour moitié lors de la liquidation (1).

A Roubaix-Tourcoing, le courtage, uniformément fixé à
55 francs, est à la charge du vendeur seul. Par le fait de l'inscription d'une affaire, il est dû à la Caisse et porté par elle au
crédit du courtier-juré sur un compte spécial non productif
d'intérêts.

Le paiement des courtages est fait trimestriellement — men-
suellement à Hambourg, — sous escompte de 1/2 0/0 par an
pour tenir compte de l'avance faite par la Caisse pour les
contrats non liquidés (2).

De même au Havre, le Conseil d'administration a la faculté
de payer, par anticipation et sous escompte, le montant des
courtages à revenir sur les contrats non liquidés. Il use ou
non de cette faculté par mesure générale ou individuelle (3).
Le règlement ne fixe point de périodes déterminées pour le
paiement des courtages dus.

Il va sans dire que là (Hambourg et le Havre) où, d'une
part, les déclarations peuvent être faites par les contractants
eux-mêmes et où, d'autre part, le courtier peut faire enregistrer une opération à son nom, aucun courtage n'est dû, perçu
ni garanti pour les contrats déclarés par les contractants ou
par un courtier opérant comme contractant (4).

---

(1) Hambourg, art. 27.
(2) Roubaix, art. 22.
(3) Havre, art. 25.
(4) *Id.*, Hambourg, art. 28.

Il peut arriver enfin que, désireux d'enlever une affaire, le courtier consente le sacrifice de tout ou partie de son courtage, encore qu'un tel procédé soit interdit par la plupart des sociétés de courtiers (notamment au Havre) et par là même interdit par les Caisses de liquidation, qui ont dû prendre connaissance des règlements et statuts desdites sociétés et leur donner approbation. Dans ce cas tout particulier, les opérations avec la Caisse devant être régulières, c'est de la main à la main que le courtier devra régler avec le ou les contractants la différence de courtage.

Telles sont les règles financières des Caisses de liquidation. De leur analyse, on peut brièvement conclure, d'une part, que leur application, — sauf les réserves que nous avons indiquées à propos des emplois possibles des ressources n'appartenant point en propre aux Caisses, — n'est nullement de nature à ébranler la solidité et le crédit qu'on est en droit d'exiger de ces institutions et que tout au contraire elles concourent précisément à multiplier les sources de bénéfices, à assurer les bonnes conditions de la perception de ces bénéfices (1).

(1)

	ROUBAIX-TOURCOING Capital : 1,200,000 francs.		LE HAVRE Capital : 6,000,000 francs.		HAMBOURG Capital : 3,000,000 marks	
	Bénéfices bruts	Bénéfices nets (*)	Bénéfices bruts	Bénéfices nets (*)	Bénéfices bruts	Bénéfices nets (*)
1900...	332.230	—	858.941	240.000	659.002	499.386
1901...	130.417	—	664.227	»	574.016	442.407
1902...	42.419	—	670.587	300.000	696.775	592.341
1903...	110.180	—	542.374	»	679.116	535.630
1904...	122.400	—	733.081	»	916.835	771.017
1905...	163.024	—	663.369	360.000	880.072	728.760
1906...	279.742	—	725.547	»	855.709	691.956

(*) Pour les dividendes distribués, voir p. 164, 177, 196.

D'autre part, et si nous comparons ces rétributions perçues par les Caisses de liquidation à celles qu'exigent, soit les différents intermédiaires auprès des Bourses de valeurs ou de marchandises, soit les grandes Sociétés de crédit pour les différents services qu'elles rendent aux commerçants ou aux particuliers, on ne saurait accuser les Caisses de liquidation de faire payer trop cher, outre leurs services de liquidateurs proprement dits, *la prime d'assurance*, l'élément nouveau de garantie qu'elles apportent à l'exécution des contrats, — condition essentielle pour des institutions qu'on présente, ainsi qu'il nous reste à voir, comme devant jouer un rôle économique général et de première importance.

DEUXIÈME PARTIE

Fonction économique des Caisses de liquidation

Généralités. — Division

—

L'étude des Caisses de liquidation des opérations sur marchandises envisagées au point de vue proprement économique,
doit répondre à deux questions.

I. — Il faut d'abord préciser quel but visent ces organismes commerciaux, — quelle est, dans l'esprit de leurs
promoteurs, *la fonction économique* qu'ils doivent précisément remplir. Logiquement sans doute, l'examen de cette
première question aurait dû précéder et préparer l'exposé du
mécanisme et des conditions de fonctionnement des Caisses de
liquidation. Ces institutions en effet, — nous le montrerons en
de brefs historiques, — ont directement procédé des faits, de
la constatation de certains besoins déterminés : ici, l'organe a
été créé par la fonction. Mais, — outre que les généralités de
l'Introduction ont, en partie déjà, éclairé sur les motifs qui
pouvaient présider à la création d'une Caisse de liquidation, —
il nous a semblé préférable de donner, dès l'abord, de ces
Caisses une analyse aussi minutieuse que possible : l'étude en
soi d'une institution juridique semblable n'offrant que peu de
difficultés et sa connaissance préalable devant beaucoup faciliter et la compréhension de son rôle et l'examen des objections de principe qu'elle peut soulever. Aussi bien, « la
réflexion sur les formes de la vie sociale, et par conséquent
leur analyse scientifique, suit une route complètement opposée
au mouvement réel (1) ».

-----

(1) Karl Marx, *Le Capital* : I, p. 30, col. 1.

II. — En second lieu, — le mécanisme des Caisses de liquidation et le rôle qu'on veut leur assigner nous étant connus, — nous devrons rechercher si elles ont véritablement rempli ce rôle et quels résultats a apporté leur mise en action sur les places où elles ont été créées.

Or cet examen comporte deux points de vue inséparables : quels résultats ont donné les Caisses de liquidation quant à l'organisation *interne*, pour ainsi dire, de ces places, — la sécurité des transactions, l'assainissement du marché ; — quelles en ont été les conséquences sur le développement de ces mêmes places, sur les conditions et le succès de la lutte économique qu'elles doivent livrer aux marchés étrangers. L'étude des bilans annuels des Caisses de liquidation, la statistique des affaires enregistrées aux Bourses des places intéressées, les chiffres du commerce extérieur, non moins que les déclarations et les renseignements que nous avons pu réunir au cours d'une double enquête personnelle sur les places du Havre et de Roubaix-Tourcoing, nous permettront sans doute de répondre à ces questions.

Le champ de notre recherche, que nous avions, dans notre première partie, limité à certaines Caisses de liquidation aujourd'hui existantes, se trouve ici élargi. L'étude de plusieurs de ces institutions maintenant disparues, des causes et des conséquences de leur disparition, nous fournira comme une contre-épreuve et nous permettra de dégager une conclusion plus certaine.

CHAPITRE PREMIER

BUT DES CAISSES DE LIQUIDATION

Les promoteurs de l'idée des Caisses de liquidation partent de ce principe que les opérations à terme sur marchandises, — reconnues *légalement*, en France, par la loi des 28 mars-8 avril 1885, reconnues, mais plus étroitement réglementées en Allemagne, depuis le Börsengesetz du 22 juin 1896 (1), — sont, *économiquement*, non seulement utiles, mais nécessaires et indispensables. Nous ne nous sommes point proposé, avons-nous dit, de remettre ce postulat en question et, en ce qui concerne particulièrement les raisons qui ont présidé à la création des Caisses de liquidation et de garantie, il nous suffit, pour l'instant, de les analyser, sans avoir à en discuter la valeur.

Donc, nous ne pouvons plus nous passer des opérations à terme, à moins de renoncer à établir une balance entre les

---

(1) L. 1885, art. 1ᵉʳ : « Tous marchés à terme sur effets publics et autres, tous marchés à livrer sur denrées et marchandises sont reconnus légaux ; nul ne peut, pour se soustraire aux obligations qui en résultent, se prévaloir de l'article 1965 du C. civil, lors même qu'ils se résoudraient par le paiement d'une simple différence ». — Sur les expressions dont se sert la loi : *marchés à terme* sur effets publics et autres, *marchés à livrer* sur denrées, v. Thaller, *op. cit.*, nᵒ 925. La dénomination marchés à livrer s'est spécialisée et désigne ces marchés qu'on traite en dehors des règlements de Bourse. En pratique, « les marchés de spéculation qui portent sur les produits sont appelés *marchés à terme*, tout comme ceux qui portent sur les valeurs, et cette commune appellation doit être approuvée ».

En Allemagne, le Conseil fédéral (art. 50) a le droit de soumettre les opérations à terme à certaines conditions et même de les interdire pour certaines marchandises ou certaines valeurs. Etaient primitivement interdits au Bourses de marchandises les marchés à terme sur le blé et les farines.

marchandises en réserve des différentes époques et des différents pays ; or, c'est sur cette balance que reposent actuellement le commerce universel et la régularité des prix. Les opérations à terme représentent un perfectionnement moderne des affaires de livraison ; elles constituent une juste division du travail entre le commerce qui forme les prix et celui qui détient l'approvisionnement ; elles sont un instrument qui permet d'évaluer de plus en plus exactement les probabilités futures, un moyen de contrôle des éléments les plus importants de la formation de la valeur, — un mode d'affaires, en un mot, qui peut être *perfectionné*, *régularisé*, *moralisé*, mais qu'on ne peut pas supprimer (1).

De ce qu'ils concluent, en effet, si énergiquement à la nécessité de la spéculation et au maintien des opérations à terme, il ne suit nullement que les partisans des Caisses de liquidation en ignorent ou s'en dissimulent les vices ou les dangers (2).

---

(1) V. Schmoller, *op. cit.*, III, p. 85-88. Voir également en ce sens la *circulaire* de M. Lourties, Ministre du Commerce, du 10 août 1894, ouvrant une enquête relative à l'établissement d'un impôt sur les opérations à terme sur marchandises. Elle résume fort bien les arguments que l'on fait valoir d'ordinaire en faveur des opérations à terme : « Il ne semble pas possible de contester sérieusement l'utilité des marchés à terme ; ce sont, en effet, ces opérations qui permettent de *soutenir les cours* en évitant l'accumulation sur les marchés de consommation, aux époques périodiques de production, au moment de la récolte, de la tonte, etc., de quantités anormales de matières brutes. Elles aident le manufacturier *à se couvrir* de ces matières pour les ordres qu'il a pris en produits manufacturés, lui donnant la possibilité d'établir son prix de revient d'une manière certaine. Elles sont un *puissant instrument de crédit* en ce qu'elles permettent à l'industriel d'échelonner ses paiements ; elles lui évitent ainsi l'obligation d'accumuler dans des magasins, au prix de lourds sacrifices, une grande quantité de marchandises et de faire l'avance au comptant de sommes qu'il ne possède pas ou qu'il ne pourrait se procurer qu'à l'aide d'emprunts onéreux ».

(2) Rappelons que les Caisses de liquidation de Hambourg, de Magdebourg et de Leipzig sont antérieures à la loi de 1896 : leur création date d'une époque où les Bourses allemandes « s'administraient avec la plus grande lar-

C'est précisément même, disent-ils, parce que, autant et plus que tous autres, ils les voient et les redoutent qu'ils proposent pour s'en défendre leur propre solution : *la Caisse de garantie et de liquidation.*

Ce dont il faut se garder soigneusement, en effet, c'est de toute réforme trop brutale, trop générale aussi et qui ne procéderait point d'une détermination bien nette des points actuellement défectueux, des imperfections dangereuses d'un système qui doit toujours néanmoins subsister dans ses grandes. lignes et dans son principe : « LA LIBERTÉ, essence du progrès » (1). Il faut réglementer peut-être, non enrayer; consolider, non étouffer.

Aussi bien, « la constitution même des Bourses nous indique-t-elle comment il faut en combattre les abus » (2), et la réforme du marché doit-elle être l'œuvre du marché lui-même. Il faut repousser, dès l'abord, toute idée d'une intervention législative « dont les conséquences sont toujours redoutables quand elle porte sur le mécanisme délicat de la Bourse » (3). Mais c'est aux intéressés à agir : « Si vous ne faites rien de vous-mêmes, et de très efficace, disait M. Viéville, au Syndicat des fabricants de sucre de France, pour remédier à la situation actuelle du marché, pour assurer son

---

gesse et le plus profond mépris de la réglementation ; leur trait caractéristique était qu'elles se révoltaient non seulement contre toute ingérence de l'Etat, mais aussi contre celle des Chambres de commerce ; quand, dans les derniers temps, l'Etat et la Chambre de commerce réussirent à imposer un peu leur intervention, celle-ci fut toujours plus nominale que réelle ». C'est un sévère critique du *Börsengesetz* qui constate le fait : Piekenbrock, *op. cit.*, p. 32.

(1) Le mot est de Bastiat, — cité par M. J. Thierry, député de Marseille, dans un discours à la Fédération des industriels et des commerçants, octobre 1905.

(2) Schmoller, t. III, p. 70.

(3) Dunan, *op. cit.*, p. 188.

relèvement et pour mettre fin, dans la mesure humainement possible, aux excès de la spéculation, tenez pour certain que le législateur interviendra et qu'ainsi qu'on l'a dit, nul ne peut se flatter de mettre des limites à son action » (1). L'argument a surtout été développé par les promoteurs de la création d'un Caisse de liquidation sur le marché de Paris, à la suite des krachs de 1905 (2), mais encore que moins vigoureusement exprimé, il dictait déjà la conduite de ceux qui fondèrent les Caisses de Roubaix-Tourcoing, de Hambourg et du Havre (3). « L'ingérence de l'Etat doit être évitée à tout prix » (4). Son intervention ne saurait produire que les pires résultats, témoins ceux qu'on doit attendre de projets de loi, maintes fois proposés, tendant soit au rétablissement de l'exception de jeu, soit à une imposition spéciale des opérations à terme.

La jurisprudence qui a eu cours entre 1840 et 1885, « accuse une ignorance absolue de ce qui se passe à la

---

(1) *Réforme Economique*, 12 novembre 1905.

(2) Ainsi... « sans sortir du domaine de la liberté, nous aurons fait adopter un tempérament et une réforme et nous aurons rendu inutile toute intervention téméraire du législateur ». J. Thierry, *loc. cit.* — « Si vous ne savez pas, industriels et commerçants, vous résoudre à réglementer vous-mêmes votre marché, il sera réglementé par d'autres. — Si vous ne savez pas enrayer vous-mêmes, chez vous, les excès de la spéculation, quelqu'un se chargera vite de vous suppléer. Ce quelqu'un-là, c'est l'Etat. On sait comment il procède en pareille occurrence. Il est, dès lors, facile de pressentir à quelles mesures draconniennes et maladroites, toutes les industries qui ont besoin du marché à terme se trouveraient soumises et livrées. Ce jour-là, c'est le risque grave : c'est celui qu'il faut esquiver à tout prix ». J. Domergue, *Réforme Economique*, 1ᵉʳ octobre 1905. Etc... les citations abondent.

(3) Cf. la déposition faite par M. L. Cordonnier, président du comité lainier de Roubaix-Tourcoing, (président du Conseil d'administration de la Caisse de liquidation) devant la *Commission parlementaire des marchés à terme. Rapport de M. G. Dron, député*, (1898), p. 132.

(4) Thierry, *loc. cit.*

Bourse et du rôle de la spéculation » (1) ; elle constitue seulement une prime à la malhonnêteté : grâce à l'exception de jeu, le spéculateur de mauvaise foi se dérobe à ses engagements, l'honnête homme paye. La moralité publique a donc plus à perdre qu'à gagner à son rétablissement : loin d'être diminuée, l'insécurité des transactions, dont nous souffrons déjà, serait encore aggravée.

Quant à une imposition spéciale du terme, — imposition que le projet Dron-Rajon fixait à 0 fr. 50 par cent francs et fraction de cent francs, par chaque endos, — outre qu'elle constituerait une mesure injustifiée, capable de porter un préjudice grave à certaines de nos places en concurrence naturelle avec d'autres marchés plus grands et plus larges, où l'importance même des transactions permet déjà l'adoption, pour les affaires à terme, des commissions les plus modérées (2), — elle manquera inévitablement son but : écarter du marché certaines classes sans ressources ou sans expérience. « Quel que soit l'impôt qui frappe le jeu, le joueur considère cette charge simplement comme une aggravation de la chance contraire, mais il ne renonce pas pour cela à jouer. Le zéro de la roulette, la cagnotte dans les cercles, les prélèvements au pari mutuel n'arrêtent pas le joueur ou le parieur dans ses combinaisons chimériques : l'impôt sur les marchés à livrer, s'il frappe les commerçants et paralyse leurs affaires, n'arrêtera pas un instant le joueur qui s'attend toujours à des bénéfices extraordinaires » (3).

Ces mesures, ou d'autres analogues (4), seraient donc, si

---

(1) Thaller, *op. cit.*, p. 489.

(2) V. le rapport présenté par la Chambre de commerce du Havre : *Rapport Dron*, p. 119.

(3) Charliat, *Les marchés de marchandises en France* (*Une enquête sur*), II, *Revue politique et parlementaire*, novembre 1900.

(4) Il faut ajouter que les partisans des Caisses de liquidation n'ont jamais

elles étaient adoptées, inefficaces et dangereuses. La réforme
du marché doit être avant tout une réforme *technique*,
interne pour ainsi dire : elle doit procéder d'une connaissance
précise des dangers possibles du terme, des imperfections
révélées du mécanisme des Bourses. Or, ces dangers et ces
imperfections ont deux causes facilement déterminables :
l'*insincérité des cours* d'une part, — d'autre part, l'*insécurité
des transactions*.

A) *Les cours ne sont pas sincères*, et cela pour deux raisons : a) On note que le nombre des courtiers qui se bornent
à leur simple rôle de transmetteurs d'ordres va diminuant
chaque jour : ces mandataires sont devenus des négociants
agissant pour leur propre compte, faisant la contre-partie de
leur clientèle et n'opérant le plus souvent que pour se couvrir
de leurs engagements personnels. Il en résulte que les cours
ne sont plus l'expression réelle de l'offre et de la demande et
que les intermédiaires eux-mêmes n'ont plus et ne peuvent
plus avoir la notion exacte de leurs positions respectives, non
plus que de la position exacte et précise de l'article (1).

b) D'autre part, l'insincérité des cours résulte de ce qu'au
marché à terme participent, non seulement les grands producteurs, les fabricants, les commerçants et les commissionnaires

demandé l'abrogation des dispositions du Code pénal punissant les manœuvres
frauduleuses ayant pour but de déterminer la hausse ou la baisse des marchandises (art. 419).

(1) *Réforme économique*, 20 août 1905. E. Guilmard, *op. cit.* Ces agisse-
ments des courtiers, — au moins en tant qu'il s'agit de marchés devant
donner lieu à des livraisons effectives, — sont prohibés par les articles 6 et 7
de la loi du 18 juillet 1866. Les courtiers s'exposent donc à se voir opposer,
lors de la liquidation, l'exception de défaut de contre-partie. Mais d'après la
jurisprudence, cette exception est écartée dans le cas où une clause de la
convention autorise le courtier à jouer dans l'affaire le rôle de contractant et
cette clause est d'un usage très fréquent.

dont c'est la profession, mais encore un tas de demi-banque-routiers, de commerçants véreux qui vivent uniquement de la spéculation, — des fonctionnaires, des officiers, des rentiers et des artisans » (1), pour qui le terme n'est qu'un jeu déguisé. Sur l'action néfaste exercée par ces spéculateurs de bonne foi ou d'expérience tout à fait discutables, tant de pages ont déjà été écrites qu'il est inutile d'insister.

B) En second lieu, les transactions à terme n'offrent point toute la *sécurité* désirable, et cette même cause compromet à la fois la stabilité des affaires à terme et leur activité. La faute d'un spéculateur important peut amener, en effet, un désastre général par suite de la solidarité que crée le crédit entre tous ceux qui y ont recours. Engagés au delà de leurs ressources, mis dans l'impossibilité de faire face à leurs obligations, des opérateurs imprudents, des courtiers contre-partistes dont la situation sera de beaucoup moins bonne que ne pouvait le faire supposer les opérations traitées par eux sur le marché même, vont entraîner, dans leur propre chute, tous ceux vis-à-vis desquels ils s'étaient engagés, et ces nouvelles ruines en pourront amener d'autres encore. Or cette hypothèse, qui n'est nullement de théorie pure (2), constitue

---

(1) Schmoller, *loc. cit.*, page 87. — « Des courtiers en sucre, en alcool, en café, — écrit M. Paul Leroy-Beaulieu, — gravissent journellement les escaliers des gens du monde réputés riches et leur proposent gravement, avec des boniments insensés, des spéculations sur ces marchandises ». *L'art de gérer sa fortune*, page 320.

(2) Témoins les événements qui se sont déroulés à la Bourse de commerce de Paris, en 1905 : — « Qu'avait-on vu en effet ? Des courtiers mis dans l'impossibilité de faire face à leurs engagements, par suite des défaillances de leurs clients ; des fabricants de sucre, victimes des pertes, hésitant à rouvrir la porte de leurs usines ; des cultivateurs, enfin, obligés de subir une importante réduction sur le prix de leurs betteraves ; — toute une cascade de défaillances rejaillissant en dernière incidence sur l'agriculture. Et que trou-

à elle seule un danger général et permanent et la crainte de
ce danger (chacun mesurant ses risques à la solidité toujours
un peu incertaine du crédit de sa contre-partie), amène un
ralentissement des affaires et tend à paralyser le marché (1).

Insincérité des cours, insécurité des transactions, tels sont
donc les *maux bien déterminés* auxquels il s'agit d'apporter
un *remède non moins précis*. Et ce remède, il faut le voir
dans l'opération d'assainissement et d'organisation réalisée
par les *intéressés eux-mêmes*, — dans l'institution d'une
Caisse de liquidation et de garantie. Une Caisse de liquidation constitue, dit-on, le remède nécessaire et suffisant : elle
assure la *sincérité des cours* en empêchant le courtier de
sortir du rôle d'intermédiaire qui doit être uniquement le
sien, en écartant du marché parasites et joueurs : elle doit, en
établissant la confiance et la stabilité, non seulement assurer
la sécurité des transactions, mais encore en *accroître le volume* et leur donner une ampleur nouvelle.

L'analyse minutieuse que déjà nous avons donnée du mécanisme des Caisses de liquidation, va nous permettre de préciser rapidement ces différents points.

A) Une Caisse de liquidation, avons-nous vu, impose à tous
ceux qui veulent traiter avec elle, courtiers et particuliers, l'obligation formelle de remplir certaines conditions préalables (2).

a) Le *courtier* doit, notamment, prendre l'engagement de

---

vait-on au point de départ ? La faillite de quelques gros spéculateurs. Seule,
elle avait causé tout le mal, arrêté le fonctionnement du marché et déchaîné
la crise ». Dunan, *op. cit.*, p. 152.

(1) V. de Rousiers, *loc. cit.*

(2) Voir première partie, page 37. « Nous avons le droit de poursuivre une
solution qui éloigne de ce marché ceux qui viennent lui demander son crédit,
qui est aussi le nôtre, sans lui fournir en retour des garanties sérieuses ; et
nous sommes résolus quant à nous, à ne plus confier le soin de nos propres

ne point traiter d'affaires *ponr son propre compte* : une sanction énergique frappe le courtier qui manque à ce devoir essentiel. Au Havre, où cette obligation n'est point inscrite dans les Règlements de la Caisse, nous la voyons remplacée par de semblables dispositions édictées par les statuts des diverses Sociétés de courtiers (1). Aussi bien, l'article 4 du Règlement du Havre, l'article 5 du *Regulativ* de Hambourg, — soumettant comme on sait (2), le courtier opérant à titre de contractant, à toutes les obligations et taxes prévues par lesdits règlements, — sembleraient-ils suffisants à la rigueur, à rendre la pratique de la contre-partie infiniment moins fréquente, parce que plus onéreuse et moins lucrative : le courtier traité comme un opérateur ordinaire devra verser les déposits et les marges exigés : incapable de figurer dans l'opération comme courtier, — et la Caisse s'étant assuré la

------

affaires *qu'à des courtiers qui se renfermeront strictement dans leur rôle d'intermédiaires* ». Discours Viéville, *loc. cit.*

« Une Caisse de liquidation défend les courtiers eux-mêmes contre leurs propres entraînements, contre le danger de camaraderies dont ils sont souvent les victimes, surtout contre les illusions qu'ils peuvent avoir sur la solidité et le crédit de certains gros joueurs, qui peuvent leur en imposer par le prestige de leurs noms et de leur situation sociale ». *Réforme économique*, 20 août 1905.

(1) *Règlement adopté par les trois Sociétés des Courtiers en coton, du Havre* (Société anonyme des anciens Courtiers, Société nouvelle de Courtiers libres, Société des Courtiers assermentés). Art. 6 : « il est interdit à tout Courtier des trois Sociétés de s'associer avec un négociant ou d'occuper notoirement un emploi quelconque dans un bureau de négociant ». — Art. 7 : « il est formellement interdit à tout membre des trois Sociétés de traiter des affaires *en son nom personnel*, les fonctions de Courtier étant reconnues par les susdites Sociétés, incompatibles avec celles de négociant. Les membres des trois Sociétés s'engagent également à ne pas faire d'affaires avec la clientèle de l'intérieur, sous peine de radiation. Par contre, les membres du Syndicat s'engagent à ne pas traiter d'affaires à terme directement sans l'intermédiaire des Courtiers ».

(2) Cités page 39.

précaution de régler elle-même le courtage, — il ne pourra,
s'il est en gain, toucher que la différence obtenue, diminuée
du montant de la commission prélevée par la Caisse elle-
même (1). Une Caisse de liquidation rend enfin impossibles
la plupart des fraudes auxquelles certains courtiers pourraient
être tentés de se livrer (2) : la publication détaillée de la cote
officielle établie par la Caisse permet, en effet, à l'opérateur
de s'assurer si le courtier a loyalement exécuté ses ordres : de
plus, la Caisse, inscrivant toujours une double opération, fait
également mention du prix auquel elle a été passée, côté
acheteur et côté vendeur ; le courtier de l'une des parties ne
saurait donc tromper la Caisse et celle-ci peut et doit toujours
renseigner l'opérateur qui lui en fait la demande. C'est donc
à juste raison qu'on insiste sur les obligations plus étroites, le
rôle plus strict, que viennent imposer aux courtiers d'une
place l'existence et le fonctionnement d'une Caisse de liquidation : ils doivent se borner uniquement à leurs fonctions d'intermédiaires : c'est là un premier et important résultat qu'il
s'agissait précisément d'obtenir (3).

---

(1) « On peut faire observer que la présence d'une Caisse de liquidation
n'enlève pas au courtier la possibilité d'écarter certaines affaires du marché ;
il reste libre de garder pour lui une opération de couverture, par exemple,
destinée à se terminer par un règlement différentiel ; dans ce cas, il n'interviendra aucun enregistrement sur les livres de la Caisse. Cette remarque est
exacte, mais il faut ajouter que le courtier ne peut prendre beaucoup d'engagements de cette nature sans se couvrir en Bourse; et alors réapparaissent
les difficultés déjà signalées, original déposit, versement des marges, etc... »
Dunan, *op. cit.*, p. 243.

(2) Cf. la disposition de M. L. Cordonnier (*Rapport Dron*, p. 133). « La
Caisse choisit et réglemente de très près l'intermédiaire de l'opération, c'est-
à-dire le courtier. Ce dernier lorsqu'il est admis à opérer au terme est astreint
à un règlement sévère et strictement appliqué, à telles enseignes qu'en ce
moment même un courtier juré a été frappé par la Caisse de liquidation pou[r]
un fait à propos duquel le Tribunal de commerce l'a renvoyé indemne ».

(3) *Rapport Dron*, p. 127 : Séance du 1er décembre 1897. M. Dron : « Quand

b) Sévère pour l'admission des courtiers, une Caisse de liquidation ne l'est pas moins quand il s'agit des *opérateurs* eux-mêmes : elle entend écarter du marché parasites et joueurs. Encore qu'il soit assez délicat de donner une définition précise du *jeu de Bourse*, il semble bien cependant qu'on doive puiser les éléments de cette définition dans l'une et l'autre des circonstances suivantes : opération en dehors du cercle de l'activité professionnelle d'une personne, — opération en disproportion avec les ressources d'une personne (1). Or, en principe, une Caisse de liquidation ne doit inscrire au nombre de ses clients que des *professionnels,* négociants, industriels, armateurs, dont l'admission est prononcée par le Conseil d'administration, statuant toutes pièces en mains et seul juge des garanties de solidité, de moralité commerciales

---

il y a une Caisse de liquidation, les courtiers sont des intermédiaires entre le vendeur et l'acheteur mais ne peuvent opérer pour leur propre compte, c'est-à-dire être intéressés comme contre-parties. Que se passe-t-il à Paris, où cette Caisse n'existe pas ? » — M. Lanier, *président de la délégation du Syndicat général de la Bourse de commerce de Paris* : « Le courtier peut opérer pour lui ».

(1) V. la nomenclature et la critique des principales définitions proposées dans Sayous (*Les Bourses allemandes de valeurs et de commerce,* p. 325-326). M. Sayous rejette notamment le critérium que nous adoptons ; mais la définition qui lui paraît *sensiblement plus parfaite,* à savoir : « le joueur est un spéculateur qui, pour un motif quelconque, a de fortes chances de produire une influence néfaste sur les cours », ne nous semble point excellente : elle indique seulement les conséquences, sans préciser nettement les causes. Cpr., d'une part, Hammesfahr, *Le commerce des grains et les marchés à terme en rapport avec les problèmes sociaux* (1899) : « La différence véritable qu'il y a entre le commerce sérieux et le commerce à terme consiste dans le fait que dans le premier il n'y a que des gens compétents, et que dans le second il y a un mélange de gens compétents et de joueurs inexpérimentés », page 50, — et d'autre part, C. W. Smith, « un joueur est une personne qui vend ou achète à terme une trop grande quantité proportionnellement à son capital ». (De la spéculation internationale sur les céréales et les fonds publics, *Revue d'économie politique,* 1898, n° 5).

qu'il croit devoir exiger de ceux qui veulent traiter avec la Caisse. Nous connaissons sur ce point les dispositions des Caisses du Havre et de Hambourg, celles plus détaillées et plus nettes encore de Roubaix-Tourcoing (1), et dès lors il n'est point besoin d'insister longuement pour faire voir quelle influence considérable une Caisse de liquidation, soucieuse de ses devoirs et de sa propre sécurité, peut exercer sur la composition du marché. L'admission au marché se trouvant en quelque sorte subordonnée à l'admission à la Caisse elle-même, en seront écartés les individus sans expérience et sans ressources, les parieurs, les joueurs dont les folles opérations enflent ou précipitent les cours (2). En ce sens encore, une Caisse de liquidation régularise le marché, concourt à la réalisation de la *sincérité des cotes*.

B) Aussi bien, — et c'est le second élément de notre définition du jeu de Bourse qui intervient ici — une Caisse de liquidation vient-elle obliger la spéculation à proportionner ses opérations aux ressources et aux moyens de ceux qui s'y livrent : par là non seulement elle aide à obtenir la *sincérité des cours*, mais aussi et surtout, elle contribue à assurer la *sécurité des transactions*, — sécurité qu'elle va fortifier encore et compléter définitivement en supprimant automatique-

---

(1) Voir page 40.

(2) *Rapport Dron*, page 124. M. Bricka : « Au Havre, la Caisse de liquidation offre des garanties contre l'intrusion des non professionnels dans le marché à terme. Il faut, pour faire affaire avec la Caisse de liquidation, être patenté et faire, de notoriété publique, le grand commerce ». Page 133, M. Cordonnier : « On a pris soin d'écarter du marché toute personne n'appartenant ni au commerce ni à l'industrie de la laine ; et encore parmi ceux qui pourraient satisfaire à cette condition, la Caisse se réserve le droit d'admettre ou de récuser ». — « La Caisse de liquidation de Hambourg n'opère directement qu'avec les personnes habitant la place ». *Correspondenz der Aeltensten der Kaufmannschaft von Berlin*, 18 juillet 1889.

ment, pour ainsi dire, la solidarité de fait qui lie tous les membres d'un même marché.

a) On voit aisément comment les mesures de limitation des crédits et, plus encore, le mécanisme du dépôt et des marges, vont permettre d'obtenir le premier des résultats indiqués : obliger le spéculateur à proportionner ses opérations à ses ressources véritables. « Les opérateurs admis au marché à terme, disait M. Cordonnier (1), ont un *crédit limité ;* une maison dont les disponibilités avérées sont de 25 ou 30 millions de francs, par exemple, ne peut opérer que pour 5 à 6 millions ; non point, dès lors, qu'on la suppose dans l'embarras de remplir ses engagements, mais parce qu'on estime qu'au-dessus de cette somme de 5 ou 6 millions, il pourrait y avoir de la *spéculation pure*, et non plus une spéculation basée sur les besoins réels du négoce ou de l'industrie. Il est bien entendu, d'ailleurs, que le Conseil d'administration de la Caisse peut modifier ses appréciations et restreindre ou augmenter les crédits suivant les circonstances ». A ce premier système général, se superpose d'ailleurs toute une série de mesures plus précises, plus techniques, — les *déposits* et les *marges,* — qui vont s'appliquer, pour chaque opération déterminée, avec une rigueur toute mathématique.

Le déposit n'est point seulement une garantie matérielle, objective, exigée, à bon droit, lors de l'enregistrement des contrats par une Caisse de liquidation qui, assumant la garantie de la bonne exécution des opérations, doit normalement songer à se couvrir elle-même. L'obligation au déposit agit également de façon subjective, peut-on dire : c'est le frein qui empêche les emballements dès le départ même. La stricte obligation au versement des marges successives c'est, sui-

____

(1) *Rapport Dron*, p. 133.

vant une expression imagée, le *cran d'arrêt de l'ascenseur*
qui maintient tout le mécanisme en place, lorsque le câble
vient à se rompre à la montée ou à la descente, — à la hausse
ou à la baisse (1).

Dans ce système, l'opération à terme se liquidera au moment
précis où celui qui la tente ne pourra plus payer les marges ;
de plus, la liquidation anticipée facultative lui permet de limiter
aussitôt sa perte, ou, en sens contraire, de s'assurer les bénéfices acquis. « Personne, ainsi, ne peut faire d'opérations que
selon ses ressources disponibles et en les déposant effectivement
comme garantie de ses engagements » (2). C'est la sanction parfaite donnée aux affaires à terme qui ne restent ouvertes que
par le dépôt de garanties, soit initiales, soit complémentaires,
en relation avec la valeur des marchandises traitées et le mouvement des cours. Une Caisse de liquidation paraît donc exactement satisfaire aux desiderata exprimés par les auteurs de la
proposition de loi du 23 octobre 1897 (3). On a même pu dire
qu'une Caisse de liquidation, devenue l'organe régulateur du
marché, « présentait des garanties peut-être plus absolues dans
leur réalisation, plus rapides dans leur mécanisme que celles
du Parquet à la Bourse des valeurs : la garantie des agents de
change a des limites, celle de la Caisse de liquidation réside
dans sa constitution même, dans son fonctionnement » (4).

---

(1) P. du Maroussem.

(2) O. Bloch, *loc. cit.*

(3) *Exposé des motifs* : « D'ailleurs, en fait et dans la pratique, l'agent de
change qui, en vertu de la loi du 28 mars 1885, est responsable de la livraison des titres et du paiement de ce qu'il aura vendu ou acheté, prend des
précautions et se fait donner une couverture par ses clients, ce qui présente
l'avantage de circonscrire le jeu. Mais cette garantie n'existe pas pour les
marchés à terme sur denrées et marchandises qui, le plus souvent, sont des
marchés à découvert, des marchés purement fictifs. Les marchés de ce genre
se traitent à la Bourse du Commerce avec la plus grande licence, sans contrôle aucun et sans intermédiaire ayant un caractère public ».

(4) Discours de M. Viéville, *loc. cit.*

Aussi bien, — et la transition nous semble particulièrement importante à signaler ici, — ces précautions exigées par une Caisse de liquidation ne sont-elles point nouvelles. On s'est depuis longtemps préoccupé du danger couru par un spéculateur qui a contracté sérieusement de trouver en face de lui une contre-partie qui s'est engagée au delà de ses moyens ; pour des raisons que déjà nous avons indiquées (1), le système des garanties réelles tend forcément à s'établir. A Paris même, il existe depuis un certain temps une clause qui est de style dans toutes les lettres de confirmation et dont les courtiers imposent l'exécution, sinon à leur clientèle habituelle, du moins à ceux qu'ils croient devoir considérer comme de purs joueurs (2), — clause intéressante, en ce sens qu'elle contient en quelques lignes, comme on peut voir (3), certaines des dispositions essentielles édictées par les Caisses de liquidation. Mais cette clause n'est appliquée qu'à des indivi-

---

(1) Voir p. 43.

(2) Dolléans, *op. cit.*, p. 171.

(3) « Si les cours venaient à monter (baisser) à ... fr. par ..., vous vous obligez à m'effectuer le paiement de ... francs à titre de marges sur la présente affaire et le versement devra m'être fait en chèque à vue sur Paris, ou en espèces, dans les vingt-quatre heures de ma demande, ladite somme étant exigible aussitôt l'écart produit et quelles que soient les fluctuations ultérieures.

« Il en sera de même pour tout nouvel écart à... Si, après une première mise en demeure par lettre recommandée de me régler les sommes me revenant, soit pour prix de la marchandise, soit pour marges, vous n'aviez pas donné suite à ma demande, je serais en droit, de convention expresse, sans autres formalités, pour tous les marchés en cours entre nous, de résilier avec vous et de vous réclamer comme indemnité, à titre de clause pénale, la différence entre les prix d'achat ou de vente et ceux pratiqués en Bourse le jour de la résiliation. Le solde des comptes sera immédiatement exigible.

« Dès que, par suite des fluctuations du marché, les écarts en votre défaveur auront disparu, vous pourrez disposer des sommes adhérentes à ces écarts, devenues disponibles ».

dus considérés, dès le principe, comme de purs joueurs, et, bien souvent même, elle reste lettre morte : il dépend uniquement du courtier d'en exiger ou non l'exécution.

Une Caisse de liquidation ne fait pas autre chose que de généraliser cette clause, — aggravée même en certains points. Elle soumet indistinctement tous ceux qu'elle admet à traiter avec elle à l'obligation du déposit et des marges dont elle opère le recouvrement d'une façon rigoureuse et en quelque sorte automatique, paralysant ainsi les opérations de jeu, obligeant les spéculateurs à rester dans les strictes limites de leur crédit et de leurs ressources.

b) L'enregistrement des contrats produit un effet peut-être plus énergique encore. Déposits, marges, garanties réelles de toute espèce, fonctions de surveillance et de contrôle, obligations propres à garantie personnelle, se trouvent *centralisés*, réunis en une seule personne à qui ses droits rigoureux vont créer des devoirs non moins stricts : la Caisse de liquidation, qui, par l'enregistrement qu'elle a opéré, se trouve substituée pour chacun des contractants à sa contre-partie, — la Caisse, devenue acheteur d'une part, vendeur de l'autre, tiers interposé entre chaque opérateur d'un côté et tout le marché de l'autre, *contre-partie unique* de toutes les opérations pour lesquelles on a recours à elle. Le versement des marges — tel qu'il fonctionne au Clearing-House des marchandises, tel qu'on peut, en un sens, le voir fonctionner à la Caisse de liquidation elle-même (1), — *divisait* les risques ; une caisse de liquidation, contre-partie unique de tous les opérateurs, les *supprime* en supprimant la solidarité effective qui lie tous les membres d'un même marché. A la solvabilité, toujours un peu incertaine d'une maison qui se trouve, d'ailleurs, elle-

____

(1) V. page 56.

même plus ou moins conditionnée par la solidité de ses propres clients, une caisse de liquidation, prenant les opérations à son compte, substitue sa propre solidité, son crédit propre, sa solvabilité assurée, garantie non seulement par son capital et ses réserves accumulées, mais par les règles mêmes de son mécanisme dont le jeu précis ne comporte ni heurts, ni incertitudes (1) : pour elle, en effet, tout achat correspond à une vente de mêmes denrées, de mêmes quantités et aux mêmes prix et les risques provenant des insolvabilités se trouvent, sinon totalement abolis, du moins réduits à leur strict minimum, grâce au système de précautions générales que nous avons décrit et auquel viennent se superposer les déposits et les marges. C'est donc pour l'opérateur qui soumet ses contrats à la condition formelle de l'enregistrement par la Caisse, la sécurité la plus absolue : toute crainte disparaît, « les différentes maisons qui composent la place, délivrées de toute préoccupation à l'égard de leur solvabilité réciproque puisque la Caisse de liquidation les garantit toutes indistinctement, vont traiter les unes avec les autres sans restriction et sans arrière-pensée » (2).

C. Enfin, — et sans vouloir même reparler des mesures prises par les Caisses de liquidation pour résister aux entraînements de la spéculation et assurer le marché contre les étranglements (élévation du déposit original, clause de déport, indemnités fixées) (3), mesures de la plus haute importance (4),

------

(1) V. page 36.

(2) O. Bloch, *loc. cit.*

(3) V. 1ᵣᵉ partie, p. 52, 82.

(4) *Rapport Dron*, p. 133. Déposition Cordonnier : « Le premier objet qui s'est présenté à l'esprit et qui, effectivement est fondamental, a été de prévenir ce que l'on appelle d'un mot suffisamment significatif par lui-même : l'*étranglement* ».

mais dont nous avons déjà, très en détail, exposé le mécanisme, — il nous faut voir comment, dans la pensée de leurs
promoteurs, les Caisses de liquidation ne constituent point
seulement le remède à des maux déterminés, le mode précis
d'assainissement et de réorganisation du marché. Elles sont,
de plus, un élément de progrès et de richesse, une pièce nouvelle et perfectionnée de l'outillage économique national. Grâce
aux Caisses de liquidation, le volume des transactions va
prendre une ampleur nouvelle, — les places où elles existent
et fonctionnent, mieux armées pour la lutte économique, con-
currenceront victorieusement leurs rivales étrangères.

a) Il est un point qu'on perd généralement de vue, en effet :
c'est qu'avec une Caisse de liquidation, les affaires seront
réglées intégralement en espèces, non pas comme maintenant
au moment de l'échéance, mais sitôt qu'elles seront liquidées,
c'est-à-dire dès que l'acheteur aura revendu ou dès que le
vendeur aura racheté. Tout risque se trouvant ainsi supprimé
de part et d'autre, les parties se trouveront beaucoup plus
facilement amenées à contracter de nouveaux engagements :
il y aura peut-être moins d'affaires *simultanées*, il y aura plus
d'affaires *successives*. C'est ainsi qu'il en est à New-York, où,
sur le marché des blés, malgré le versement obligatoire des
marges, les transactions ont une activité de beaucoup supérieure à celle que nous voyons au marché de Paris.

Plus encore, une Caisse de liquidation va attirer sur le marché
de nouveaux opérateurs, de solvabilité plus certaine, aux
capitaux plus abondants : s'il n'est pas douteux, en effet, que
les mesures rigoureuses prises par la Caisse, feront disparaître
toute une catégorie de spéculateurs peu sérieux, qu'elles en
gêneront peut-être d'autres, il paraît non moins certain que
les agioteurs seront remplacés par des spéculateurs de première
valeur, éloignés jusqu'à présent des Bourses de marchan-

dises par la crainte des insolvabilités, l'absence d'un instrument de garantie, voire par les trop longs délais à courir jusqu'à l'échéance. « Nous appellerons à la vie financière, disait M. Viéville, une couche nouvelle de spéculateurs respectables et sérieux qui, en ce moment, se tiennent à l'écart des Bourses de marchandises. Dans l'époque où nous vivons, il ne manque pas de personnes disposant de capitaux suffisants pour aborder diverses opérations, notamment sur les valeurs ; cela se fait couramment... S'ils sont certains de trouver à la Bourse de commerce un organisme tellement bien conçu que, automatiquement, toute opération téméraire soit arrêtée avant d'avoir constitué une perte pour personne, ne croyez-vous pas qu'ils iront opérer à la Bourse de commerce » (1).

b) Ainsi, loin de réduire les affaires, une Caisse de liquidation ne peut que les accroître et leur donner plus d'ampleur : elle est le sûr moyen d'attirer sur une place l'argent des capitalistes reporteurs. Et de ce développement donné aux affaires, de ces facilités nouvelles apportées à la conclusion des transactions, ne profiteront point seulement les intérêts privés des places où fonctionnera une Caisse de liquidation. L'intérêt de l'économie nationale lui-même est en jeu : ces places, pourvues d'un mécanisme plus puissant et perfectionné, vont pouvoir affronter victorieusement la lutte avec leurs concurrentes étrangères.

La création d'une Caisse de liquidation apparaît en effet, dans la pensée de ceux qui la fondèrent, comme une conséquence nécessaire, un prolongement forcé de la création du marché à terme, — nécessité lui-même par la création de marchés similaires sur les places rivales. « Les industriels et

---

(1) V. O. Bloch, *loc. cit.* — *Réforme Économique*, 22 octobre, 12 novembre 1905.

les commerçants de Roubaix-Tourcoing, affirmait nettement
M. L. Cordonnier au début de sa déposition (1), ont fondé le
marché à terme de Roubaix-Tourcoing, forcés qu'ils y étaient
par la création d'un marché similaire à Anvers ; laisser en
effet sans concurrence le marché d'Anvers qui était et qui est
encore moins le marché de la Belgique que celui de l'Allemagne, c'était laisser aux concurrents étrangers la prédominence qui appartient et qui revient, en ce qui concerne les
laines peignées, à la France et principalement à Roubaix-
Tourcoing. Donc, c'était pour Roubaix-Tourcoing une nécessité
de créer un marché à terme sur laines peignées : mais,
d'autre part, comment assurer dans la plus large mesure possible, la correction des opérations de cette nature ? C'est après
avoir longuement et sérieusement étudié la question que les
fondateurs du marché à terme ont institué la Caisse de liquidation et en ont élaboré les statuts, complétés depuis et
amendés selon les indications fournies par l'expérience ».

De semblables considérations se retrouvent à l'origine de
toutes les Caisses de liquidation. C'est pour lutter contre
Londres, Brême, Liverpool, Anvers, que le marché à terme
est introduit au Havre, en 1880, pour les cotons et les
cafés (2) : la Caisse de liquidation date de 1882. Les commerçants en café de Hambourg, fortement atteints dans leur
trafic d'importations des pays producteurs aux Etats du Nord
et du Nord-Est, introduisent en 1887 le marché à terme sur
leur place et dès le mois de juin de la même année la *Waaren-
liquidations-Casse* (in Caffee) commence à fonctionner. Magdebourg introduit le terme pour les sucres en 1886, fonde, en
1889, la *Zucker-liquidations-Casse* : peu après, Hambourg

---

(1) *Rapport Dron*, page 132.
(2) Voir *Rapport Dron*, pages 117 sq.

suit son exemple et sa Caisse enregistre les opérations sur les sucres. Anvers, en 1887, a répondu au Havre par la création d'un marché à terme et d'une Caisse de liquidation pour les cafés, les cotons et les laines peignées : Reims, puis Roubaix-Tourcoing (marché à terme fin 1888, Caisse de liquidation 1892), ripostent à Anvers : en 1890 enfin, les fabricants de peignés allemands, repoussés de Berlin, introduisent à Leipzig le terme et fondent l'*Abrechnungscasse für Kammzuggeschäfte*.

Ainsi, sur toutes ces places, c'est du besoin de posséder un marché national, de la nécessité de se soustraire aux conditions gênantes et onéreuses imposées par les maisons étrangères, que procèdent les institutions successives du marché à terme. Et c'est du besoin de posséder un marché à terme solide, riche de capitaux et de crédit, que procèdent les créations des différentes Caisses de liquidation et de garantie.

Nous aurons à nous demander quels furent les résultats obtenus et si ce double instrument a rendu véritablement les services qu'on attendait de lui. Dans ce premier chapitre, nous nous bornons à exposer la fonction économique qui fut assignée aux Caisses de liquidation, l'objet que, dans l'esprit de leurs fondateurs, elles devaient précisément remplir.

On voit, en résumé, comment, indiqué, dès l'abord, dans sa formule générale et abstraite, le double but fixé aux Caisses de liquidation, — assurer *la sincérité des cours, la sécurité des transactions*, — comporte en définitive de nombreuses et importantes conséquences pratiques, — *obligation imposée aux courtiers de ne point sortir de leur rôle d'intermédiaires, disparition des parasites et des joueurs, frein imposé aux excès de la spéculation, suppression des longues immobilisa-*

tions involontaires, suppression du danger des insolvabilités, mesures prises pour éviter les étranglements, facilités nouvelles données aux transactions, — dont la combinaison doit non seulement sauvegarder, mais encore favoriser les intérêts nationaux et les intérêts légitimes de tous les membres du marché, spéculateurs, industriels, commerçants et intermédiaires.

Aussi bien, la réforme est-elle nécessaire, commandée par l'expérience de tous les jours. Si comme on l'a vu, en effet, « l'instrument de transactions qu'est une Bourse, se brise sous le poids d'opérations individuelles trop importantes et imprudemment acceptées, — cet instrument est insuffisant, il ne répond pas aux services qu'on en attend : il doit être mis en réforme, réorganisé » (1). Mais s'il est vrai également que le mécanisme de la vie économique, devenu chaque jour plus compliqué, doit dépendre plus que jamais des qualités et des défauts des marchands, de leur capacité, de leur âpreté au gain et de leurs erreurs ; — s'il faut, en vérité, créer de nouvelles relations entre les commerçants, les producteurs et les consommateurs et, sinon donner de nouvelles formes aux affaires ou créer de toutes pièces des institutions nouvelles, du moins créer de nouvelles mœurs, de nouvelles coutumes, assurer une consolidation, une régularisation des anciens organismes (2), — comment ne voit-on pas qu'une intervention législative, toute extérieure, est incapable d'obtenir de tels résultats, qu'une semblable réforme doit être l'œuvre collective des intéressés eux-mêmes ? Le frein possible n'existe-t-il pas dans la police des marchés, faite par des corporations libres, par des Caisses de liquidation ?

------

(1) *Le Temps*, **22** octobre 1905.
(2) Voir Schmoller, *loc. cit.*

« Une Caisse de liquidation, c'est la fin de tous les abus ; c'est le producteur retrouvant dans le commerce les aides dont il a besoin : c'est la spéculation assainie, maintenue dans ce qu'elle a d'indispensable, élargie même en raison de la sécurité qui s'y établit, mais endiguée et toujours assurée de sa marche normale » (1).

Telle est la thèse soutenue, les arguments présentés. Mais c'est là le seul point de vue des fondateurs, des défenseurs des Caisses de liquidation. Or, ont-ils bien vu tout ce qu'il fallait faire et proposé un *but suffisant* à leurs efforts ? Ont-ils pour atteindre ce but, pris les *mesures suffisantes* et les moyens les plus appropriés ? *Quels résultats* enfin, — conformes ou non à ceux qu'on en attendait, — ont apporté les Caisses de liquidation sur les places où elles existent et fonctionnent ? Il nous faut, avant de pouvoir répondre, examiner les critiques qu'ont suscité les Caisses de liquidation et surtout étudier les faits.

-----

(1) *Réforme économique*, 20 août 1905.

CHAPITRE II

LES OBJECTIONS ET LES CRITIQUES

Au mois de juillet 1889, à la suite d'une violente campagne menée par la presse et certaines associations de commerçants et d'industriels, contre la *Waaren-liquidations-Casse* de Hambourg, la *Zucker-liquidations-Casse* de Magdebourg, le ministre du commerce de Prusse adressa aux Anciens de la Corporation des marchands de Berlin, un questionnaire détaillé pour savoir ce qu'il fallait penser de ces attaques (1) : la Caisse de liquidation, qui facilite les transactions, a-t-elle augmenté le nombre des joueurs et agrandi leur cercle ? — Le système de l'appel des marges serait-il déplorable parce qu'il forcerait à tenir disponibles de forts capitaux ? — Les règlements, faute de réponse aux marges, amènent-ils vraiment de brusques variations de cours ? — Les membres du Comité de surveillance profitent-ils de leurs fonctions pour apprendre la position exacte des différentes maisons de la place ? — N'y a-t-il pas un abus dans la facilité de changer du jour au lendemain les règlements de la Caisse de liquidation et de mettre de nouvelles dispositions aussitôt en vigueur ? — Tous points d'interrogation qui correspondaient à des critiques nettement formulées d'autre part et qu'on prétendait appuyées sur des faits certains.

En France, — et dès avant la fameuse crise lainière de Roubaix-Tourcoing, qui devait, en 1900, susciter de nouvelles attaques contre le marché à terme et les Caisses de liquida-

---

(1) *Correspondenz der Ælltesten der Kaufmannschaft von Berlin,* **18 juillet 1889.**

tion, — une partie des dépositions recueillies, en 1897-1898, par la Commission parlementaire des marchés à terme (1), venait constituer, également, le · recueil officiel des critiques qui furent adressées aux Caisses de liquidation et de garantie, — disons plus, des véritables actes d'accusation qui furent dressés contre elles.

Enfin, le récent projet de la création d'une Caisse de liquidation sur le marché de Paris, à la suite des événements de 1905, n'a pas été sans réveiller la querelle entre les partisans du *statu quo* et les partisans de l'intervention législative d'une part, et ceux-là qui voulaient la réforme du marché réalisée par les intéressés eux-mêmes : d'anciennes critiques furent rajeunies, de nouvelles objections apparurent. Toutes n'ont point d'ailleurs la même portée, ne procèdent pas des mêmes points de vue. Nous distinguerons des *objections de fond* proprement dites, les critiques visant plus particulièrement les *moyens* utilisés. Aussi bien, ramènerons-nous cet exposé surtout à des vues générales. Des Caisses de liquidation, en effet, *existent* et *fonctionnent* : c'est donc leur histoire qui, nous faisant voir, au chapitre suivant, dans quelle mesure objections et critiques sont justifiées, nous fournira les véritables réponses et nous permettra seule de dégager des conclusions plus certaines.

A) L'instrument de réforme qu'on propose est, dit-on, vicié dans son principe même ; ce n'est point des intéressés qu'il faut attendre une réforme sérieuse et durable du marché. Une Caisse de liquidation, loin d'écarter les joueurs, doit *en accroître le nombre*, — loin de régulariser les cours, elle fait *s'en accentuer les variations*.

---

(1) *Rapport Dron.* Deuxième partie : dépositions hostiles à l'organisation actuelle des marchés à terme : p. 78-117.

a) Et tout d'abord, il est à craindre qu'une réforme, émanée des intéressés eux-mêmes, n'offre point les garanties de sécurité, de sévérité nécessaires. Les professionnels, en effet, ceux-là qui, pour employer la locution consacrée, vont se servir du terme comme d'un moyen d'assurance, sont sur une pente glissante. Confirmés qu'ils pourront se croire dans leurs prévisions par des renseignements certains, ne se laisseront-ils jamais entraîner à conclure, — après l'opération que nous voulons admettre utile, nécessaire même, destinée à les couvrir pendant une période donnée, — d'autres opérations de pur jeu, des paris, où ils rechercheront uniquement le gain d'une différence ? Et l'on sait qu'il est impossible, — de l'aveu de tous, adversaires et défenseurs du terme, — « de constater si une affaire qu'on vient de conclure en Bourse est une affaire à livrer ou une affaire à terme, pour autant qu'on entende par cette dernière les purs marchés différentiels ou l'exploitation professionnelle des spéculateurs *bona fide* » (1).

Or, les facilités incontestables apportées par une Caisse de liquidation à la conclusion des affaires, la très réelle limitation des risques obtenue par la faculté de liquidation anticipée, présentent, à côté des avantages qu'on signale, le danger plus évident encore, d'agir comme une *tentation permanente,* une *véritable excitation au jeu.* Assurés d'une part de toucher, en cas de gain, leur bénéfice, — trouvant en sens contraire, dans le mécanisme de l'institution même, un facile moyen de se retirer à temps, les professionnels multiplieront les opérations purement différentielles. Bien plus, ces mêmes facilités et ces mêmes garanties, habilement exploitées aux yeux de ceux qui, par prudence, se tenaient jusque-là éloignés des Bourses de marchandises, les pousseront à spéculer,

----

(1) Hammesfahr : *loc. cit.*, p. 41.

au besoin sous le couvert d'un industriel ou d'un commerçant (1). Il est de l'intérêt des actionnaires et des courtiers admis à la Caisse « d'amener au marché qu'ils ont organisé le gros chiffre d'affaires que seul le jeu peut donner » (2). Ainsi, les intérêts privés se trouvent forcément en conflit avec l'intérêt général. S'il appartient à ceux-là mêmes qu'il s'agit précisément de réformer, de prendre les mesures nécessaires, ne voit-on pas comment, dans ce conflit, les intérêts privés auront fatalement le dessus, comment les remèdes proposés seront forcément insuffisants, voire dangereux. La première des conséquences signalées en est la meilleure preuve.

Il faut reconnaître que l'objection est des plus graves ; certains faits, nettement probants, viennent comme nous le verrons, en fortifier encore la valeur. Deux sortes de considérations peuvent cependant en atténuer la portée.

1. Un premier fait doit retenir l'attention : la constitution moderne des Bourses est le produit d'une évolution qu'ont, toujours et presque uniquement, dirigée les intéressés, les commerçants eux-mêmes, — et cela dans le sens d'une réglementation de plus en plus étroite, d'une subordination de plus en plus stricte des intérêts privés à l'intérêt général.

L'histoire des grands marchés et des Bourses permettrait d'illustrer cette idée d'une façon précise et saisissante ; elle montrerait comment les corporations marchandes se sont peu à peu donné leurs statuts, établissant, dans l'intérêt général des affaires, certaines formalités que tout participant s'enga-

---

(1) « *Rapport Dron*, p. 111. Audition des industriels lainiers de Reims, Sedan, Amiens : « A certaines époques de fluctuation on a (à Roubaix) sollicité les opérations de très petites gens, de petits rentiers, d'employés modestes qui, dans certaines maisons de commerce, jouaient au terme : il y a eu, de notoriété publique, une réelle excitation au jeu ».

(2) *Eod loc.*

geait à observer ; — œuvre de réforme longue et imparfaite,
sans doute, soumise bien souvent à la puissance égoïste des
intérêts particuliers, mais où, cependant, « la raison, la justice, le souci de l'intérêt commun eurent aussi leur part » (1).
Dans une vue générale, on peut noter comment les conditions
de l'admission aux Bourses, les prescriptions de discipline intérieure, le règlement de la cote, la détermination des denrées
négociables, l'établissement des types, la constitution des
services d'expertise et d'arbitrage furent, en réalité, l'œuvre
des intéressés eux-mêmes, et non celle d'une autorité extérieure (2). Pour mettre un obstacle aux fraudes, les commerçants multiplièrent peu à peu les époques de liquidation : à
Amsterdam, à la fin du xviiie siècle, il n'y avait dans l'année
que quatre époques de liquidation : aujourd'hui, il y a une
liquidation par mois sur toutes les Bourses de marchandises ;
à Paris il existe même une liquidation de quinzaine pour certains articles. Plus particulièrement encore, nous avons vu
déjà comment, de soi-même, le système des garanties réelles
tendait à s'établir, comment sur des places données, certains
règlements, certaines clauses usuelles (*clause de déport,
contrat de marges*) faisaient qu'on pouvait dire que là,

----

(1) V. Schmoller, *loc. cit.*, p. 70.

(2) « La constitution spontanée de ces corporations commerciales qui jouent
un rôle si important pour la régularisation des opérations sur les marchés et
les bourses est un des faits les plus curieux de notre époque. En France, là
où il existe des Chambres de commerce officielles, elles ont pris l'initiative de
ces règlements ou bien ont approuvé ceux que rédigeaient des assemblées spéciales d'intéressés. A Paris tous les règlements relatifs au marché des farines,
du blé, du seigle, des sucres, des alcools et des huiles ont été élaborés d'abord
par le Cercle du Louvre où se réunissaient les négociants. La Bourse de commerce ne date que de 1886. Elle réunit maintenant dans son local et fait bénéficier de ses services communs les corporations commerciales spéciales qui
s'étaient formées spontanément ». Cl. Jannet, *Le capital, la spéculation et
la finance au* xixe *siècle*, p. 256.

existait déjà implicitement une Caisse de liquidation et de garantie.

Une Caisse de liquidation apparaît ainsi comme la suite et la conséquence d'une évolution dont il est impossible de dénier certains effets régulateurs et bienfaisants. Sans doute ne réalisera-t-elle point la perfection : quels règlements est-il impossible de tourner? Les marges des Codes mêmes, pour étroites qu'on parviendra à les rendre, n'en existeront pas moins toujours.

De ces palliatifs découverts peu à peu par une pratique journalière, de ces garanties plus sévères exigées des contractants, — mais dont l'application devient par là même plus difficile de particulier à particulier, — une Caisse de liquidation forme un tout ordonné et compact. C'est à elle, devenue institution *distincte*, *indépendante* des consentements particuliers qui la formèrent, que les intéressés ont transporté tous pouvoirs de surveillance, de direction et de contrôle. Dès lors, l'intérêt de la Caisse, voire celui de ses actionnaires, n'est point sensiblement différent de l'intérêt commun ; on peut affirmer qu'il ne lui est pas hostile. Prétendre qu'exercée en ce sens l'œuvre des intéressés sera toujours insuffisante, voire néfaste, n'est-ce pas d'abord aller contre les faits et, de plus, étouffer toute liberté d'initiative, tout perfectionnement ?

2. Aussi bien, à côté de ces facilités apportées aux transactions, de cette limitation des risques qui peuvent agir, en un sens, comme une excitation au jeu, il faut voir comment vont fonctionner les mesures non moins sévères qui ont précisément pour but de s'opposer au jeu. S'agit-il des professionnels, la limitation des crédits n'a pas d'autre objet : on estime qu'au-dessus d'un certain chiffre il peut y avoir de la spéculation pure et non plus des opérations basées sur les besoins réels de l'industrie ou du négoce, et cette limitation,

assez large pour permettre aux clients admis toutes les opérations utiles, doit néanmoins les empêcher de pouvoir servir de prête-noms aux joueurs non professionnels. Pour ces derniers, l'examen de certains articles des Règlements (1) prouve que, de plus en plus, on s'est préoccupé d'en empêcher l'admission à la Caisse et par là même au Marché. Nous n'avons pas à revenir sur ces dispositions déjà expliquées. Si, sur ce point, certaines Caisses se sont montrées trop larges, on voit qu'il est possible et facile de remanier les textes et d'y introduire des dispositions plus strictes. L'obligation au dépôt préalable, au versement des marges, rigoureusement assurée par la Caisse, paraît également devoir servir de frein à la spéculation pure (2); la sécurité qu'elle donne aux transactions constitue un perfectionnement indéniable, supérieur aux prétendues garanties du *marché libre*, c'est-à-dire sans contrôle et sans lois. Quant à savoir si les Règlements de la Caisse sont ou non observés, c'est là une pure question de fait, — et de manquements particuliers, il est impossible de tirer une objection de principe.

b) Incapable d'empêcher le jeu, une Caisse de liquidation est de même *sans action sur la régularisation des cours*; tout au contraire, elle en accentue les variations, en amplifie encore les mouvements alors qu'elle a précisément pour but de les réduire. Nouvel exemple de « cette ironie des choses qui, dans leur réalisation, va précisément à l'encontre des intentions les plus pieuses ! » (3).

------

(1) Sur ce point, la comparaison des rédactions successives de l'article 2 du Règlement de Roubaix-Tourcoing est tout à fait instructive, voir p. 41.

(2) *Réponse* des Anciens de Berlin : « L'appel des marges est un assez bon remède contre les marchés différentiels ».

(3) K. Marx, III, 2ᵉ partie, p. 173.

L'objection se présente sous deux formes différentes. Le versement des marges, dit-on, doit avoir incontestablement pour effet de rendre la spéculation plus onéreuse, — surtout la spéculation qui s'oppose à la tendance actuelle des cours. « En cas de hausse, par exemple, les ventes à découvert seront peu nombreuses ; interdites aux spéculateurs mieux pourvus d'intelligence commerciale que de capitaux, elles tenteront peu ceux qui sont plus fortunés, à cause des frais considérables qu'elles entraîneront, si bien que la résistance du marché à une spéculation à la hausse sera affaiblie : on montera plus haut et plus vite qu'on n'eût fait sans Caisse de liquidation. En outre, cette même circonstance aggravera la baisse, car les baissiers, ayant peu vendu en temps de hausse, n'auront que peu à racheter en temps de baisse ; comme on était allé plus haut, on tombera aussi plus bas... Une Caisse de liquidation consacre ainsi la toute-puissance des gros capitalistes ; loin de les décourager, elle les invite au contraire à se montrer plus entreprenants, sûrs qu'ils sont d'une moindre résistance. Aussi, leur action se fera-t-elle sentir d'une manière plus prononcée et la cote enregistrera des variations plus importantes qu'auparavant » (1).

Mais cela n'est pas tout encore : une Caisse de liquidation, disent ses partisans, est *toujours à couvert* : pour elle, tout achat correspond à une vente et réciproquement. Au moindre retard dans le versement des marges, « même pour cause de force majeure », la Caisse de liquidation clôt et liquide d'office *tous les contrats* existants pour le compte du contractant : elle use de son droit d'*exécuter en Bourse*, c'est-à-dire de vendre ou de racheter, se couvrant ainsi par un marché en

---

(1) Dunan, *op. cit.*, p. 228.

sens contraire qui lui permettra de remplir les obligations du contrat vis-à-vis de la partie non en défaut.

C'est fort bien en principe, mais ne voit-on pas, disent les adversaires, comment, pour exécuter, il faut trouver une contre-partie ; or, cela n'est pas toujours possible : on se heurte parfois à une volonté hostile et nettement contraire : il en est des exemples fameux, témoin l'histoire de la Société des Métaux. Par ses offres ou ses demandes plus ou moins considérables, jetées d'un coup sur le marché, la Caisse de liquidation va provoquer de nouvelles et plus fortes oscillations qui, faisant naître, pour les autres affaires en cours, l'exigence de marges plus considérables, vont fatalement amener d'autres défaillances, d'autres insolvabilités, — purement momentanées peut-être, mais qui, traitées comme définitives, provoqueront d'autres exécutions. « C'est un cercle vicieux, et l'argument a d'autant plus de force que, somme toute, les exécutions sont faites, non pour prévenir un mal dont l'échéance est encore problématique, mais uniquement pour sauver la Caisse de liquidation » (1). Ainsi, la solidarité qui lie tous les membres du marché n'est supprimée qu'en apparence : l'obligation aux marges la fait revivre d'une façon d'autant plus étroite que la Caisse, loin de réduire les oscillations des cours, contribue à leur donner une amplification plus grande. Si la Caisse recule devant les exécutions, outre qu'elle se tue elle-même, elle n'est plus qu'un rouage gênant, inutile, dangereux (2).

A l'objection qui leur fut ainsi formulée : « les règlements, faute de réponse aux marges, amènent-ils vraiment de brus-

____

(1) Guilmard, *op. cit.*, p. 51.

(2) *Rapport Dron*, page 113. « On a affirmé qu'à Roubaix, certains joueurs trop engagés n'avaient pas complété les dépôts exigibles d'après le Règlement et en avaient été exemptés par la Caisse de liquidation, effrayée elle-même des exécutions à faire ».

ques variations de cours? », — *les anciens de la Corporation des marchands de Berlin* se bornèrent à répondre : « les règlements faute de paiement des marges ne sont point fréquents ». Tout en réservant la question de fait, il faut considérer cette réponse comme insuffisante. L'objection présentée semble en effet irréfutable, au moins d'une façon directe : mais il faut voir s'il n'est rien dans le mécanisme des Caisses qui permette de remédier, et dans une mesure assez large, aux inconvénients signalés.

On fait remarquer d'abord que la spéculation, — *même celle qui est en harmonie avec la tendance des cours,* — n'est jamais gratuite avec une Caisse de liquidation (1). Le versement du déposit original est toujours obligatoire. Sans remplacer peut-être entièrement le contrepoids qu'auraient procuré les opérations de spéculation agissant en sens contraire à la tendance des cours, cette charge primitive en joue en partie le rôle. De plus, nous avons vu comment les Caisses de liquidation se réservent de façon formelle, le droit de pouvoir élever le déposit original, soit par mesure générale, soit par mesure individuelle, cherchant ainsi, soit à se garantir contre les oscillations trop brusques des cours, soit à prendre des sûretés spéciales contre des maisons dont la situation leur inspire des craintes. Là où fonctionne le système de la limitation des crédits, le remède est plus sûr encore, atténuant dès le principe, l'exagération d'opérations soit à la hausse soit à la baisse.

Aussi bien, s'il faut parfois, souvent même, insister sur le caractère *automatique* du mécanisme des Caisses de liquidation, il ne faut pas croire cependant que la part de surveillance et de prévoyance de la direction soit réduite à rien et

____

(1) Dunan, *loc. cit.*, p. 229.

puisse être sans influence aucune. La puissance que la concentration des renseignements donne à la Caisse, lui permet, dans une large mesure, de faire la police du marché : elle tient sous son contrôle incessant les positions des opérateurs, acheteurs et vendeurs : le spéculateur imprudent, discrètement prévenu, sera arrêté avant d'avoir pu mettre en péril la sécurité de la Caisse ou celle du marché lui-même.

Ainsi, d'une manière générale, il vaut mieux exiger *ab initio* des déposits élevés et même limiter le crédit ouvert aux opérateurs, — ce qui arrête net les écarts de la spéculation, — que d'exiger seulement des déposits faibles, — ce qui oblige, quand les cours montent au versement de marges plus considérables : cela précipite la ruine des spéculateurs de second ordre et laisse le champ libre aux meneurs du marché (1).

C'est enfin vérité banale d'affirmer, que par le fait de leur situation prépondérante, les gros spéculateurs pourront influencer momentanément les cours dans un sens ou dans l'autre. Il en est exactement de même sur les places où n'existent point de Caisses de liquidation, ou plutôt il y a bien une différence mais elle est tout à l'avantage de l'institution de réforme proposée. L'opérateur à terme, si puissant qu'il soit, ne pourra agir longtemps contre la tendance des cours : au moment opportun, les marges obligatoires agiront comme le frein, le *cran d'arrêt* qui s'oppose à tout mouvement nouveau dès qu'apparaît la disproportion entre les forces engagées. Sans Caisse de liquidation, n'ayant rien à débourser avant l'échéance, le spéculateur aura de longs mois pour user de son crédit et pour en abuser. Sa chute sera plus tardive : elle aura des conséquences autrement désastreuses.

---

(1) Cl. Jannet, *loc. cit.*, p. 274.

Ainsi, certains adversaires des Caisses de liquidation les condamnent dans leur principe même : inutiles quand tout va bien, elles leur semblent devoir plutôt aboutir à rendre le marché plus purement *spéculatif*, à provoquer artificiellement des embarras, voire des crises qu'elles sont impuissantes à conjurer. Résumant devant nous, sous une forme pittoresque, ces critiques, un des principaux fonctionnaires d'une institution en rapports très étroits avec la Bourse du commerce de Paris, comparait les Caisses de liquidation à ces Compagnies de chemins de fer qui attirent, en certains jours, la foule des voyageurs par la perspective de tarifs réduits et qui, faute d'un matériel suffisant, les laissent sur les quais : elles sont outillées pour transporter mille, dix mille personnes, non pour en transporter cent mille. Toute comparaison pèche forcément par quelque endroit, mais celle-ci, plus encore qu'il n'est d'usage. Une Caisse de liquidation ne s'est point obligée à traiter avec tous indistinctement : elle peut, elle doit refuser certains clients ; elle peut, elle doit également, proportionner le prix des places à la nécessité reconnue du transport. Son objet est moins d'attirer la spéculation que de la réfréner et le mécanisme de l'institution offre bien. semble-t-il, les moyens suffisants pour atteindre ce but nécessaire.

B) Mais à côté de ces objections de principe, d'autres critiques plus spéciales ont été formulées contre les Caisses de liquidation. De ces critiques, quelques-unes, de pur fait (autocratie de la Caisse, réduction arbitraire des types admis au marché) seront examinées au chapitre suivant : nous ne retiendrons ici que les deux principales : *la question des marges, — la question du secret des affaires.*

a) La première, celle qui vise le système du versement obligatoire des marges, nous paraît être surtout une critique d'ordre théorique. Deux faits viennent à l'appui de cette affirmation : les difficultés, les impossibilités signalées comme inhérentes au système, furent surtout agitées dans la presse, lors de la *proposition* de la création d'une Caisse sur le marché de Paris, en 1905 : on ne retrouve, pour ainsi dire, aucune trace de ces critiques dans les attaques, pourtant nombreuses, qui furent dirigées contre des Caisses de liquidation existant et fonctionnant. De plus, nous avons déjà signalé comment à Roubaix-Tourcoing, certaines facilités de versement des marges avaient été supprimées sur la demande des intéressés eux-mêmes : des négociants, des spéculateurs que nous avons consultés sur ce point, aucune critique, aucune plainte positive ne fut formulée de ce chef.

L'objection mérite cependant qu'on s'y arrête. On la présente ainsi : Le versement du déposit, l'appel et le paiement de différences qui ne sont pas dues et qui n'existent que *nominalement* font perdre à chaque contractant le bénéfice du terme. L'adage de droit : *qui a terme ne doit rien*, n'a plus aucun sens avec une Caisse de liquidation. C'est l'unification de tous les marchés sur le type d'un comptant différé et néanmoins exigible. En conséquence, il faudra pour traiter des affaires à terme, un capital beaucoup plus élevé. Les industriels et les spéculateurs seront astreints à des immobilisations de fonds considérables, ils subiront une gêne fort grande. Les petits spéculateurs se trouveront forcément éloignés du marché : ce que les affaires pourront gagner en sécurité, elles le perdront en volume et en intensité. Double conséquence également fâcheuse.

Les partisans des Caisses de liquidation ne s'émeuvent guère de cette critique. Qui veut la fin veut les moyens, répondent-ils : l'insécurité des marchés à terme doit être compensée par une atténuation des risques. S'il faut précisément endiguer la spéculation, la maintenir dans les limites raisonnables, ne voit-on pas comment on serait mal venu de se plaindre des charges imposées qui ont pour but d'obliger les opérateurs à s'engager seulement dans les limites de leurs ressources et pour les seules affaires utiles ou nécessaires. L'objection n'est-elle pas en entière contradiction avec celle qui reproche aux Caisses de liquidation d'exciter au jeu et d'agrandir le cercle des spéculateurs ?

Aussi bien, et le but admis, les marges ne sont nullement l'épouvantail qu'on en veut faire. Nous n'opposerons point à des chiffres hypothétiques destinés à prouver ce que peut présenter *d'exorbitant* l'obligation aux marges (1), d'autres chiffres qui furent également fournis pour montrer comment les marges, insignifiantes ou peu élevées quand les cours ne présentent point de mouvements prononcés, ne revêtiraient une certaine ampleur qu'en présence de variations sensibles, c'est-à-dire quand précisément le danger existe (2). La chose est évidente. Il est plus intéressant de voir les *correctifs* que la technique même des Caisses de liquidation apporte à cette immobilisation de capitaux forcée et voulue.

On peut remarquer, d'une part, que l'immobilisation des fonds n'est pas absolue jusqu'au terme du marché : les marges encaissées puis redevenues libres par suite de la fluctuation

---

(1) Discours de M. Boverat, *Bulletin de la Fédération des industriels et des commerçants français*, octobre 1905.

(2) Voir l'article de Sinceny, *Réforme économique*, 20 août 1905. — « Une seule distillerie, dit M. Boverat, m'a versé cette année 700,000 francs de différences ; elle m'a payé très facilement par 50, 60, 70,000 francs chaque mois. Fallait-il imposer à cette distillerie, qui a exécuté ses engagements dans les conditions les plus larges, fallait-il lui imposer de trouver chez ses banquiers la marge qu'elle devait verser.... Elle n'a eu à payer ces différences qu'au moment des échéances. Nous avons eu une hausse qui a poussé le cours de l'alcool jusqu'à 56 fr. 25, et nous sommes retombés à 35 ; si nous étions re-

des cours sont reportées au crédit du compte courant du contractant ou lui sont remboursées purement et simplement. — D'autre part, la Caisse de liquidation non seulement admet, mais encore favorise, provoque, en quelque sorte, la liquidation anticipée : l'opérateur peut toujours ainsi se soustraire à l'obligation du versement ou réduire le laps de temps pendant lequel les fonds seront immobilisés. — De plus, il faut voir comment les sommes ainsi déposées en couverture ne sont point totalement improductives : la Caisse de liquidation qui va les utiliser, s'efforcer de les faire fructifier pour son propre compte, accorde en revanche aux opérateurs un intérêt dont nous avons indiqué le taux relativement élevé. — Les Caisses de liquidation peuvent enfin accorder pour le versement des marges, telle et telle facilité qui leur convient : l'essentiel est qu'elles jugent la garantie offerte suffisante. Si, à Roubaix, la Caisse de liquidation, sur la demande des opérateurs eux-mêmes, est revenue à l'obligation du versement en *espèces*, nous voyons le Havre se borner à exiger « la remise de titres, récépissés-warrants, marchandises, valeurs, etc., ou un engagement de *caution solidaire*, le tout à la satisfaction du Conseil d'administration » (article 8). A Hambourg, disaient les anciens de la Corporation des marchands, les commerçants en marchandises effectives ne sauraient point géné-

---

tombés à 35 avant la liquidation, cette distillerie n'aurait rien eu à payer du tout ; on lui aurait imposé un mouvement de fonds considérable, inutilement ». — Des chiffres fournis par M. Sinceny, il ressort, d'après le tableau du cours *des sucres* depuis 1895, que de 1896 à 1904 exclusivement le taux des marges eût varié de 0 fr. 125 à 2 fr. 875. En 1905, de 4 fr. 75 à 6 fr. 125 ; il est vrai qu'avec une Caisse de liquidation, les événements eussent été très vraisemblablement tout différents. Aussi bien, dit M. Sinceny, « plus l'importance de ces marges vient à s'accuser, plus s'affirme et se démontre à la fois l'utilité de leur dépôt, car ces marges sont en proportion même du danger que courent les opérations engagées à terme ».

ralement se plaindre des appels de marges, car « le comité
directeur est autorisé à écarter l'appel des marges lorsque le
vendeur prouve, d'une façon digne de foi, qu'il est en mesure
de livrer immédiatement la marchandise vendue. Lorsque le
vendeur dépose à la Société, en plus, un warrant endossé ou
un connaissement endossé avec la police nécessairement en-
dossée, sur une marchandise propre à l'exécution du marché
correspondant, le comité directeur est obligé d'écarter l'appel
des marges » (article 12).

La question intéresse, dit-on, surtout les industriels, les
producteurs ; pour eux, particulièrement, l'obligation aux
marges apparaît comme regrettable ; elle semble devoir entra-
ver les opérations les plus intéressantes, les opérations de
couverture ; pour ces affaires, en effet, la faculté de liquidation anticipée est pleinement inutile, les producteurs ne pourront en user. Sans doute, mais les autres correctifs subsistent : on peut même au besoin en trouver d'autres, témoin
l'intéressante proposition de M. Domergue, directeur de la
Réforme économique (1). Il préconisait l'institution de *Sociétés de Crédit mutuel* qui, groupant les industriels d'une
même profession (en l'espèce, les fabricants de sucre),
auraient eu pour mission unique de se porter, vis-à-vis de la
Caisse de liquidation, caution du versement des marges par
leurs adhérents. Remarquons enfin que, si, au Havre ou à
Hambourg, la création de la Caisse de liquidation fut surtout
l'œuvre des commerçants et négociants, l'initiative en fut prise
à Roubaix-Tourcoing, à Reims, à Leipzig, par les industriels
eux-mêmes : c'est des fabricants de sucre, des producteurs
qu'émane, en 1905, la proposition de la création d'une Caisse
sur le Marché de Paris.

____

(1) *Réforme économique*, 1ᵉʳ octobre 1905.

On parle de mouvements de fonds toujours dispendieux, parfois inutiles. Mais il faut voir le but poursuivi et pleinement atteint. Les marges représentent la prime d'assurance contre l'inexécution du marché : c'est la certitude de l'opération faite avec le bénéfice escompté. Et cette prime, la Caisse la rend avec en plus un intérêt. Peut-être l'opérateur aura-t-il emprunté l'argent de son déposit et de ses marges à 3 ou à 3 1/2 0/0 ; il aura fourni le dépôt de titres, mais les intérêts lui en restent acquis, la Caisse lui rembourse, en partie, l'intérêt de ces fonds empruntés. Combien minime apparaît la charge supportée en comparaison de la sécurité absolue donnée à ses contrats ! (1). Pour les producteurs et les spéculateurs, ni l'importance des acomptes, ni leur fréquence, ne modifieront guère le total définitif. Si la charge devient parfois plus lourde, c'est précisément aux heures où l'intervention de la Caisse offrira le plus d'utilité; dès lors, ils n'ont plus à redouter les pertes provenant des défaillances de leur contre-partie.

Enfin, et cette dernière réponse paraît décisive, sur quelques places, le contrat *avec clause de versement des marges* existe déjà. Avertis par l'expérience, les courtiers peuvent le généraliser, en exiger la stricte exécution. La gêne subie par les opérateurs ne sera pas sensiblement moins grande et au lieu de verser les différences à une institution d'une solvabilité assurée, ils devront les payer à un courtier qui lui, peut succomber et disparaître avec toutes les marges perçues (2).

Quant à la seconde des conséquences fâcheuses signalées, nous avons vu comment les partisans des Caisses de liquidation avaient pris soin d'y répondre à l'avance (3). La dispari-

______

(1) *Id.*, 20 août 1905.

(2) O. Bloch, *loc. cit.*

(3) Discours Viéville, *loc. cit.* : « On a dit qu'une Caisse de liquidation

tion des spéculateurs de trop petite envergure, aux capitaux insuffisants, de crédit douteux, rentre dans leur programme. Ils seront remplacés par des opérateurs nouveaux, jusque-là éloignés du marché par l'absence d'un instrument de garantie. « Le personnel de la Bourse ne subira pas de diminution, mais une transformation tout à son avantage : on aura perdu sur le nombre, on se sera assuré la qualité ». Les spéculateurs importants traiteront peut-être moins d'affaires simultanées, ils feront plus d'opérations successives. Quant aux petits producteurs ils trouveront dans les correctifs signalés, une atténuation à la rigueur des marges : aussi bien, ils traiteront avec la Caisse par l'intermédiaire d'autres maisons.

Les grandes maisons de commission du Havre et de Roubaix, nous disait-on en effet, principaux clients de la Caisse de liquidation, sont autant de petites Caisses de liquidation dans la grande. Plus près des opérateurs, elles les suivent pas à pas et peuvent leur faire le crédit qu'ils méritent. Elles sont à même de leur accorder des facilités fort grandes : facilités de crédit, facilités de fait, choisissant, par exemple, dans leurs filières, celles dont l'application convient le mieux au genre de commerce ou d'industrie de chaque client : tel préférant la laine du Cap, parce qu'il travaille pour la bonneterie, tel préférant avoir des bonifications, tel autre des réductions. La multiplicité des offres et des demandes reçues leur permet de prendre et de garantir deux ordres sur des mois differents :

---

entraînerait la disparition des petites maisons et ne laisserait subsister que celles qui disposent de gros capitaux, en raison des longues immobilisations qu'entraîne le versement des déposits et des marges. Cette immobilisation n'existe, en réalité, qu'autant que le contractant a l'espoir d'en tirer bénéfice à l'échéance de son marché. S'il s'aperçoit qu'il a mal opéré, l'art. 2 de la Caisse lui permet toujours de chercher une contre-partie et d'obtenir la liquidation de l'affaire qui lui laisse des craintes... Avec la Caisse, la liquidation de l'affaire peut être immédiate et définitive ».

quand deux ordres nouveaux arriveront qui s'adaptent exactement aux anciens, elles les feront alors seulement enregistrer
par la Caisse, etc... On voit comment la pratique courante
corrige ainsi ce que le mécanisme automatique de la Caisse
présente de forcément brutal et d'aveugle.

b) Plus grave est l'objection tirée de ce fait que le *secret
des affaires* n'est pas respecté par le fonctionnement de la
Caisse de liquidation.

Il est impossible, en effet, de faire fonctionner une Caisse
de liquidation, *Société par actions*, sans l'intervention d'un
Conseil d'administration et ce conseil on ne peut songer à le
composer autrement que d'industriels ou de commerçants
choisis parmi ceux de la place. Or, « ou bien le Conseil d'administration de la Caisse remplit ses obligations et connaît les
positions de la place, donc en profite ; — ou bien il les écarte
et c'est à ses risques et périls (1) ». Si l'on veut formuler
l'objection sous une forme moins grave, on peut dire qu'il est
à craindre que tout au moins des *indiscrétions* ne soient
commises (2).

L'objection est capitale : il faut pour y répondre plus que
des dénégations indignées (3). Aussi bien, des faits, anciens
peut-être, mais précis, sont-ils venus prouver qu'elle n'était

---

(1) Boverat, *loc. cit.*

(2) M. Cauwès à son cours 1903-1904.

(3) Discours Viéville, *loc. cit.* : « Je ne trouve pas d'expression assez
sévère pour qualifier l'attitude de ceux qui jettent ainsi, à l'avance, la suspicion et la calomnie sur les hommes de toute probité qui accepteront la charge
d'administrer notre Caisse de liquidation. Il faut, en vérité, qu'une opposition
soit bien aux abois pour recourir à de pareils procédés de discussion! » —
Réforme économique, 22 octobre 1905 : « S'imagine-t-on qu'il soit facile de
trouver à Paris et même en France, dix hommes d'honneur capables de garder
un secret professionnel ! » Etc...

point seulement théorique (1). Et les partisans des Caisses de liquidation sont bien forcés de reconnaître que là il n'existe point de remède absolu. Des précautions sont-elles même possibles ?

La première des précautions consisterait à ne pas inscrire les noms des contractants et à donner à chaque affaire un numéro d'ordre. Mais, fait-on remarquer, « les numéros remplacent des noms et ce n'est pas à des numéros que vous écrivez pour faire des appels de marges ! (2) ».

On fait plus justement observer que les indiscrétions ne sont guère à craindre du *petit personnel*, incapable de se rendre compte de l'étendue des engagements : les opérations d'une maison s'enchevêtrant toujours d'arbitrages avec d'autres places ou d'opérations en sens contraire qui s'annulent réciproquement.

De même, les *administrateurs* ne se préoccupent que de la balance des engagements à la hausse ou à la baisse, sans en étudier le détail : ils ne doivent, en principe, rien connaître de la position des opérateurs. C'est au *directeur* de la Caisse que sont adressées toutes les demandes d'inscription : lui seul est juge de leur admissibilité : lui seul fait également

----

(1) *Rapport Dron*, p. 110 : « La Caisse de liquidation n'offre que des garanties illusoires : il est impossible de savoir ce qui s'y passe, et les rares personnes qui le savent peuvent dès lors en abuser ». Voir chapitre III. — Réponse des *Anciens de la Corporation des marchands de Berlin* : « Le nom des commissionnaires est seul inscrit sur les registres. On ignore donc à la Caisse s'il s'agit d'opérations personnelles ou d'opérations en commission ; les membres du comité directeur ne doivent pas faire de marchés pour leur propre compte et il y a tout lieu de croire que cette disposition réglementaire est respectée dans la pratique ; il est possible, cependant, aux membres du conseil de surveillance de profiter des renseignements puisés dans les registres de la Caisse : une mesure pour mettre un terme à cet abus peut être conseillée ».

(2) Boverat, *loc. cit.*

les appels de déposits et de marges. Dans les cas douteux seulement, il avertit l'administrateur de service qui porte l'affaire devant le Conseil s'il le juge utile. Le Conseil d'administration, l'admission une fois prononcée et la limitation du crédit fixée, n'a plus à intervenir, sinon dans les circonstances difficiles et encore pour un fait précis et délimité : radiation, augmentation ou diminution des crédits, élévation du taux du déposit... Le directeur seul peut être à même de se rendre compte des opérations d'ensemble. C'est donc à son égard, que devront être prises les précautions nécessaires : il y a là une question de règlement intérieur et surtout de confiance personnelle (1).

L'objection, toutefois, doit être retenue : il s'agit, — comme aussi bien à propos de la plupart des critiques rapportées — d'objections de fait, sur lesquelles les faits seuls peuvent nous éclairer de façon complète.

---

(1) On fait, de plus, très justement observer que, même sans Caisse de liquidation, le secret des affaires n'existe pas avec la même force à l'égard de tous : les opérations finissent toujours par être connues de quelques personnes bien placées qui se trouvent ainsi à même d'en profiter les premières.

CHAPITRE III

LES FAITS

La première Caisse de liquidation et de garantie des opérations à terme sur marchandises a été créée en 1882, au Havre, pour les affaires en coton et en café. Depuis cette date, une dizaine de ces institutions furent également fondées en Belgique, en Allemagne, en France (1). De ces dix, cinq déjà n'existent plus à l'heure actuelle. C'est dire que l'histoire des Caisses aujourd'hui disparues devra, non moins que l'étude de celles qui continuent à fonctionner, nous retenir dans le double examen qu'il nous reste à faire : dans quelle mesure les critiques que nous venons de voir adressées aux Caisses de liquidation sont-elles justifiées par les faits ? Quels résultats économiques ont apporté ces institutions au double point de vue de la régularisation des affaires, de leur développement ?

De ces diverses Caisses nous formerons trois groupes : Le Havre (*cafés, cotons* et divers produits d'importation) ; — Hambourg, Magdebourg (*cafés, sucres*) ; — Leipzig, Roubaix-Tourcoing (*laines*). Mais ces trois groupes ne comprennent point toutes les Caisses énumérées ; pour les autres, en effet, Reims, Marseille, Paris, nous nous sommes heurtés à l'impossibilité de trouver des documents assez complets qui nous permettent de dégager de leur histoire tout l'enseignement qu'il peut comporter. Aussi bien leur existence fut-elle des

---

(1) Le Havre, 1882 ; Paris, 1885-1887 ; Hambourg, Anvers, 1887 ; Amsterdam, Marseille, 1888 ; Magdebourg, Reims, 1889 ; Leipzig, 1890 ; Roubaix-Tourcoing, 1892.

plus courtes : il nous suffira d'indiquer les raisons générales qui motivèrent leur rapide disparition et qui, jointes aux indications plus techniques fournies par l'analyse des Caisses plus faciles à connaître de par leur importance même, nous aideront néanmoins à formuler une conclusion plus large.

*
* *

I. — La plus ancienne de nos Caisses de liquidation françaises, celle du Havre, est aussi celle qui jusqu'ici a fait le moins parler d'elle. Son histoire est simple : elle ne présente pas de ces variations qui remirent en question l'existence d'autres institutions semblables ou qui vinrent susciter contre elles les attaques les plus violentes.

Au Havre, c'est du besoin reconnu de posséder un marché à terme solide, sain, aux capitaux abondants, que naquit la Caisse de liquidation (1). Le Havre fut d'ailleurs guidé dans sa réforme par l'exemple de l'Amérique et de New-York en particulier.

Dans le courant de 1881, un négociant du Havre, M. Le Normand, s'était rendu en Amérique pour étudier l'organisa-

---

(1) « Les commerçants en café du Havre prirent, à la suite d'excellentes récoltes et en prévision de mauvaises, une position très accentuée à la hausse : ils firent des provisions considérables, qui atteignirent même quatorze cent mille sacs. Les importeurs n'eurent bientôt plus de fonds disponibles et il leur fallait attendre. D'où pourrait-on obtenir l'argent nécessaire ? Personne n'était disposé, en de telles circonstances, à faire crédit sans garanties réelles ; or, le warrant n'était pas de nature à attirer les capitalistes et les spéculateurs ignorant les différences de qualités et, comme l'avenir apparaissait très incertain, il fallait, non seulement surmonter l'obstacle provenant de l'*individualité* de chaque lot de café, mais trouver un moyen d'atténuer les risques des capitalistes. Une réglementation nouvelle du marché à terme, intimement liée à la création d'une Caisse de liquidation, fut considérée comme le meilleur remède à un tel état de choses. » Sayous, *op. cit.*, p. 279.

tion du marché des affaires à terme à New-York, Chicago, Baltimore et dans les principales villes commerçantes des Etats-Unis. Il y avait vu comment les affaires à terme y étaient généralement garanties par des dépôts que les courtiers et les négociants exigeaient les uns des autres : peut-être même avait-il assisté aux négociations qui aboutirent à la fondation, au début de 1882, d'une Chambre de liquidation pour les cafés sur la place de New-York.

A son retour, il communiqua les résultats de son étude à divers négociants Havrais qui faisaient le commerce d'importation du café et du coton et qui, en même temps, se livraient à des opérations de spéculation sur ces marchandises. Ces négociants résolurent de compléter et de perfectionner les pratiques suivies en Amérique et de créer une Caisse spéciale qui aurait pour objet de concentrer toutes les opérations et d'en assurer la bonne exécution.

L'initiative de cette création fut prise par les principales maisons du Havre : Latham et Cie, Jung et Himely, Lamothe et Cie, Busch et Cie, etc..., et le 6 novembre 1882, Me L. Cheuret, notaire au Havre, passait l'acte constitutif de la *Caisse de liquidation des affaires en marchandises au Havre*, Société anonyme établie au capital de 2 millions de francs, divisé en 200 actions de 10,000 francs chacune.

Comme les principaux fondateurs étaient à la fois négociants et spéculateurs, ils pouvaient craindre que la Caisse de liquidation ne fût pas considérée, par le commerce du Havre, comme une tentative faite, dans l'intérêt de tous, pour organiser le marché des affaires à terme et donner plus de sécurité aux transactions, mais plutôt comme un instrument de spéculation, aux mains de quelques personnes et pour leur profit exclusif. Il fallait éviter soigneusement qu'un tel reproche pût être adressé à la Société, car il aurait écarté la clientèle.

Aussi, les fondateurs choisissaient-ils comme président du Conseil d'administration M. W. Iselin, négociant très considéré, chef d'une très bonne et très ancienne maison faisant le commerce d'importation du café et se tenant notoirement à l'écart des opérations de spéculation.

Néanmoins, à l'origine, les opinions furent très divisées dans les milieux commerciaux du Havre sur la marche future de l'affaire et sur ses chances de succès. Nombre d'importantes maisons, qui faisaient le commerce d'importation sans y mêler aucune opération de spéculation, refusèrent de participer à la Caisse et plusieurs d'entre elles évitèrent même pendant les premiers temps d'entrer en relations avec la Société. Cependant, son utilité fut bien vite appréciée et, dès la fin de 1884, une tentative fut faite pour créer une Société concurrente dont le capital fut rapidement souscrit.

Cette tentative aboutit à une fusion qui eut lieu au début de 1885. La Société primitive fut mise en liquidation et reconstituée immédiatement, le 12 mai 1885, sous le même titre. Le capital fut porté à 4 millions et divisé en 4,000 actions de 1,000 francs chacune ; l'assemblée générale du 23 décembre 1890 décida que les 4,000 actions (complètement libérées au moyen de prélèvements opérés sur les bénéfices des années 1889 et 1890) seraient échangées contre 8,000 actions de 500 francs. En 1895, le capital a été porté à 6 millions, divisés en 12,000 actions de 500 fr.

L'activité de la Caisse s'est également élargie : elle admet, en 1886, les affaires sur les laines et les cuivres ; en 1887, celles sur l'indigo ; en 1890, celles sur le caoutchouc et le poivre ; ces quatre derniers produits n'ont point d'ailleurs donné lieu à de forts mouvements d'affaires : ils figurent à titre très secondaire.

Cette activité doit être appréciée au triple point de vue des résultats obtenus par la Caisse elle-même, des effets produits sur la place, du développement apporté aux transactions.

a) Les *augmentations de capital* que nous venons de signaler, le chiffre des *bénéfices* annuellement distribués et des *réserves* constituées établissent comment la prospérité de a Société, après avoir été jusqu'en 1894 en progression très rapide, suit désormais une ligne, ascendante encore, mais plus uniforme.

En 1886 (capital, 4,000,000) les *réserves* se montaient à 155,000 francs; elles atteignent en 1895, 1,170,000 francs; en 1896 (capital, 6,000,000), elle sont de 480,000 fr. et ont augmenté depuis de façon continue, atteignant en 1900 près d'un million, — en 1906, 1,954,000 fr.

Le tableau suivant indique le montant des recettes (*intérêts et commissions*), perçues par la Caisse :

ANNÉES			ANNÉES		
1883....	226.880	francs	1895....	503.958	francs
1884....	984.805	—	1896....	558.042	—
1885....	908.980	—	1897....	457.909	—
1886....	574.454	—	1898....	450.903	—
1887....	1.208.386	—	1899....	508.861	—
1888....	929.270	—	1900....	858.941	—
1889....	2.740.182	—	1901....	664.227	—
1890....	667.937	—	1902....	670.587	—
1891....	745.447	—	1903....	542.374	—
1892....	693.503	—	1904....	733.081	—
1893....	899.128	—	1905....	608.808	—
1894....	459.606	—	1906....	659.771	—

Les *dividendes* distribués présentent de brusques variations : ils sont naturellement soumis à l'intensité plus ou moins grande des opérations à terme elles-mêmes. Toutefois, il faut remarquer que les années se succèdent avec une certaine régularité, ramenant périodiquement les époques d'activité, suivies d'un ralentissement relatif.

ANNÉES	Dividende		ANNÉES	Dividende	
1883.	72 fr.	50	1895.	60 fr.	»
1884.	350	»	1896.	60	»
1885.	286	25	1897.	40	»
1886.	80	»	1898.	40	»
1887.	187	50	1899.	40	»
1888.	145	»	1900.	45	»
1889.	512	50	1901.	45	»
1890.	200	»	1902.	50	»
1891.	84	»	1903.	50	»
1892.	80	»	1904.	55	»
1893.	75	»	1905.	50	»
1894.	60	»	1906.	55	»

Ces quelques chiffres fournis par les bilans nous indiquent donc que la situation de la Société elle-même est non seulement normale, mais encore prospère : si, à partir de 1890, le dividende a diminué (de 1884 à 1890 le dividende moyen est de plus de 200 francs), il faut voir que les réserves ont été considérablement accrues (Voir le tableau détaillé, page 93).

Mais d'autre part, de ce que les rapports présentés aux actionnaires ne mentionnent point de pertes éprouvées par suite de l'insolvabilité des contractants, il ne sous semble pas résulter que des pertes n'aient jamais lieu. La comparaison du chiffre des recettes perçues avec celui du *mouvement général* donné par les bilans (mais seulement jusqu'en 1892 (1)

---

(1) *Mouvement général des opérations :*

ANNÉES		
1883	185.787.962	francs
1884	922.429.145	—
1885	958.351.087	—
1886	933.572.011	—
1887	2.478.932.089	—
1888	2.287.001.364	—
1889	1.808.949.663	—
1890	1.353.880.193	—
1891	1.255.205.894	—

permet de croire le contraire. Ainsi en 1884, le mouvement général est de 922,429,145 francs et le montant des recettes est de 984,805 francs. — En 1885, le mouvement général s'élève à 958,351,087 francs, et cependant la recette s'abaisse à 661,041 francs. — En 1888, le mouvement général est de 2,287,001,364 francs et la recette de 950,570 francs. — L'année suivante, le mouvement général tombe à 1 milliard 808,949,663 francs, et cependant la recette augmente, elle atteint 2,755,897 francs. Il semble bien que ces variations soient en partie explicables par des pertes laissées à la charge de la Société par des spéculateurs auxquels les variations trop brusques de cours n'ont pas permis de tenir leurs engagements : il faudrait alors mieux avouer ces pertes que de chercher à les dissimuler.

b) Plus intéressante est la recherche des résultats apportés *sur la place* par la Caisse de liquidation. « Au Havre, a-t-on dit, la Caisse de liquidation n'a pas d'adversaires : elle n'a que des clients. Pour tout commerçant havrais, la Caisse de liquidation est un article de foi (1) ». Et cette opinion n'est pas seulement celle des partisans des Caisses de liquidation : un opposant déclaré reconnaît qu'une Caisse comme celle du Havre « est à même de rendre les plus grands services au commerce (2) ».

---

(1) P. Sinceny, *Réforme économique*, 10 décembre 1905. « Aucune loi, aucun règlement local n'imposent à personne de faire enregistrer son marché à terme par la Caisse : mais tous les hommes d'affaires sérieux du Havre ont recours à elle. Par ce suffrage journalier et tacite depuis plus de 20 ans, ils donnent la meilleure des adhésions aux statuts de la Caisse : ils reconnaissent que sa discipline n'est pas inutilement dure ; bien peu oseraient chercher à conclure un marché à terme directement avec une contre-partie. Ce serait, en effet, proclamer qu'ils ont des raisons personnelles de se soustraire à l'appel quotidien des marges : ce serait ruiner leur crédit ». P. de Rousiers, *loc. cit.*

(2) E. Guilmard, *op. cit.*, p. 45.

Néanmoins des personnes autorisées, certains grands négociants du Havre, notamment, ont pu reprocher à la Caisse d'avoir facilité outre mesure la spéculation et d'avoir attiré les commerçants eux-mêmes sur ce terrain, au détriment des affaires réelles. Si le second grief est difficile à établir, le premier peut, croyons-nous, être retenu : il trouve, d'ailleurs, une explication dans la façon même dont la Caisse réglemente l'admission de ses clients, — dans le droit reconnu aux courtiers de faire des affaires pour leur propre compte. L'article 3 du Règlement : « le contractant doit être domicilié et patenté au Havre, agréé par le Conseil d'administration », est trop large en effet et n'insiste point suffisamment sur le caractère proprement *professionnel* que devront présenter les opérations contractées avec la Caisse. Aussi bien les joueurs ou les personnes étrangères à la ville peuvent-ils user de l'intermédiaire d'un courtier qui agit alors comme commissionnaire : la surveillance de la part de la Caisse est à peu près impossible : au Havre, on spécule sur les cafés (1), de tous les points du monde, par l'intermédiaire des courtiers.

Les pertes subies, mais non avouées par la Caisse, peuvent également trouver leur explication dans ce fait que certains déposits exigés par la Caisse (trois francs par sac de café) ne paraissent pas devoir toujours être suffisants. Même en admettant que les causes de fluctuations des prix du café soient des causes naturelles, généralement déterminées par les conditions économiques, par la récolte (2), non des causes artificielles, il n'est pas moins vrai que ces fluctuations sont parfois

---

(1) Nous avons vu que les statuts des Sociétés de courtiers en *coton* interdisent formellement à leurs membres toute opération pour leur propre compte (p. 123).

(2) V. Laneuville : *Cafés ; production et consommation*, 1820-1900 (Le Havre, 1900).

très brusques et les variations très amples : on a vu se produire en un seul jour des hausses ou des baisses de plus de 3 francs par sac. Un déposit plus élevé garantirait mieux la Caisse, contribuerait à éloigner du marché les non-professionnels.

Il faut enfin insister sur le fait que les exécutions officielles ont été extrêmement rares : on prétend même qu'elles furent nulles. Les contractants, qui étaient sur le point de défaillir, convaincus que la Caisse appliquerait, le cas échéant, son Règlement avec une impitoyable rigueur, préféraient liquider d'eux-mêmes leurs opérations malheureuses. Quant à ceux qui voulaient tenter de maintenir leurs positions sans faire le versement des marges exigées, ils étaient discrètement invités à s'exécuter, mais dans des termes tels qu'ils ne pouvaient chercher à se dérober.

Jamais l'administration ne s'est vu accuser de se ménager des avantages au point de vue de la spéculation. L'honorabilité personnelle des membres du Conseil a toujours pleinement rassuré sur ce point les négociants havrais.

c) Si la constitution de la Caisse de liquidation, les facilités qui en sont résultées pour la conclusion et l'exécution des affaires à terme ont pu, dans une certaine mesure, développer la spéculation sur marchandises, il ne paraît pas contestable qu'elles ont également, et pour beaucoup, contribué à maintenir la prépondérance, à aider au développement commercial du port du Havre.

Les délégués de la Chambre du commerce du Havre ont insisté, à juste raison, sur ce point dans leurs dépositions devant la Commission parlementaire des affaires à terme. Ils ont montré comment notamment le Havre était redevenu un marché d'*indigos*, comment pour le *poivre*, le terme, sanctionné par la Caisse de liquidation, avait fait du Havre, le rival de Londres jusque-là grand entrepôt des poivres pour l'Europe et les Etats-Unis : le stock au Havre s'élevait déjà en 1897 à 100,000 sacs, c'est-à-dire autant qu'à Londres où il était de 6,000 tonnes (1).

En 1902, nous trouvons 3,762 tonnes à l'entrée au Havre, 1,589 à la sortie, 5,000 tonnes en entrepôt. En 1905, 3,649 tonnes à l'entrée, d'une valeur totale de 5 millions 839 mille francs (2).

Pour les *cotons* (3), « si le marché du Havre s'est fait peu hospitalier aux joueurs, s'il reste un marché stable et sain, mais étroit où les contre-parties sont souvent difficiles à trouver, en un mot *le type minimum d'un marché à terme* » le stock n'en a pas moins plus que doublé depuis l'introduction du terme et « la forme à peu près définitive » qui, après une période assez longue de tâtonnements, d'essais, lui a été donnée par la création de la Caisse de liquidation. Aussi bien, tous les marchés étrangers, Londres, Anvers, Rotterdam, Hambourg et Brême, ont-ils suivi sur ce point l'exemple du

---

(1) *Rapport Dron*, p. 117, 118.

(2) « *Tableau général du Commerce et de la Navigation* », 1905.

(3) *Quantités en entrepôt au Havre au 31 décembre des années* :

ANNÉES	Poivre		Indigo		Cacao	
1886. . . .	413.511	kilogr.	14.670	kilogr.	3.004.339	kilogr.
1887. . . .	315.049	—	12.512	—	3.270.393	—
1890. . . .	910.473	—	68.829	—	6.095.794	—
1900. . . .	4.268.957	—	43.849	—	7.003.162	—
1905. . . .	1.603.148	—	21.165	—	10.229.028	—

(Chiffres fournis par la Direction générale des douanes : *Tableau général du commerce et de la navigation*).

(4) O. Senn. *Le marché du coton en France. Revue pol. et parl.*, juillet 1901.

Havre. « Modeste et bourgeois, le marché havrais du coton suit fidèlement ses grands rivaux de New-York et Liverpool : il n'aspire pas à leur porter ombrage, pas de fortunes rapides, pas de ruines instantanées, une suite régulière d'affaires raisonnées, modérées, tranquilles qui maintiennent au Havre un stock suffisant pour les besoins de l'industrie française ; une Caisse de liquidation qui assure par un mécanisme très simple, l'exécution loyale des contrats passés et donne ainsi une grande sécurité aux maisons de la place et à leur clientèle. Depuis l'existence de la Caisse de liquidation, aucune crise commerciale parmi les maisons cotonnières : voilà ce dont pourraient témoigner les banques françaises et étrangères qui n'ont cessé, depuis la création du marché à terme, de témoigner au commerce havrais et à l'industrie cotonnière une confiance grandissante » (1).

On a montré notamment (2), — et tout résumé ne pourrait qu'affaiblir cette analyse, solidement appuyée de faits, — comment l'organisation du terme au Havre avait permis à la place de traverser sans encombre et sans crise les énormes fluctuations de l'année 1900.

Plus récemment encore, elle a empêché le marché français du coton brut de souffrir de la spéculation effrénée qui régnait depuis deux ans sur le marché américain et qui devait avoir son contre-coup sur le marché du Havre. Les cours du coton qui, en temps normal, oscillent de 45 à 50 francs, sont montés jusqu'à 110 francs pour retomber à 50 francs et remonter à 75 francs. La place du Havre n'a cependant connu aucune défaillance : il semble donc que c'est à bon droit que, dans son rapport à l'assemblée générale du 15 décembre 1904, le

____

(1) Senn., *loc. cit.*
(2) *Id.*, Dolléans, *l'Accaparement*, p. 185.

président du Conseil d'administration de la Caisse du Havre
pouvait prononcer les paroles suivantes : « Le mouvement
des affaires auxquelles notre établissement donne son concours
a été pendant une partie de l'exercice d'une activité tout à
fait exceptionnelle. Les variations de prix ont été brusques,
répétées et considérables. Le système de la Caisse de liquidation, nous sommes heureux de le dire, a une fois de plus
rendu d'inappréciables services. Malgré l'extrême agitation
des marchés étrangers, tout ce qui concernait les opérations
enregistrées par nous, s'est passé avec l'exactitude et la régularité qui sont l'honneur de la place du Havre et justifient son
universel bon renom ».

Mais c'est tout particulièrement aux *cafés* que le Havre doit,
non seulement d'avoir pu maintenir ses positions, mais encore
d'être devenu plus et mieux qu'un port, — un *marché*, ce
qu'il y a de plus difficile au monde à créer, ce qui n'existe
dans aucun autre port de France avec la même importance
internationale (1).

« Le Havre, disait, presqu'aussitôt la création de la Caisse
de liquidation, la *Denkschrift der Handelskammer*, grâce
à son marché à terme peut attirer à lui de plus grandes quantités de cafés, car il est dans la nature des choses qu'un
fort marché à terme a besoin de stocks importants pour lui
servir de base, et où ceux-ci se trouvent réunis, vont le trafic
effectif et les commandes ». Dès 1897, les commerçants du
Havre pouvaient dire devant la Commission parlementaire que
« depuis 1880, les importations avaient augmenté de telle

---

(1) Voir Senn, *loc. cit.*; Emile Delivet, *Le commerce du café, Rev. pol. et
parl.*, février 1901; Dolléans, *op. cit.*; de Rousiers, *Rev. de Paris*, novembre
1903; Laneuville, *loc. cit.*

sorte, qu'en quelques années le Havre était devenu le plus grand marché du monde » (1).

Le tableau suivant montre la progression constante du mouvement des *importations* et des *exportations* :

Introduction du terme	Importations	Exportations
Années 1880.	50.417 tonnes.	11.800 tonnes.
1881.	84.920	22.000
1882.	69.047	21.122
Création de la Caisse de liquidation		
1883.	96.409	35.614
1884.	82.569	41.735
1885.	99.247	40.483
1890.	81.339	36.850
1895.	100.631	38.572
1900.	103.672	51.340
1901.	150.682	27.054
1902.	155.530	40.754
1903.	162.500	47.290
1904.	109.990	68.332
1905.	65.739	45.545

(*Tableau général du Commerce et de la Navigation*).

Sans doute, Hambourg reçoit et expédie plus de cafés encore que le Havre (2); mais il en *garde moins*. Au 31 décembre 1902, Hambourg avait en magasin 91.000 tonnes de café; — le Havre en détenait près de 200.000 (exactement 185.090), c'est-à-dire plus du quart du stock mondial (774.330 tonnes) (3).

---

(1) *Rapport Dron*, p. 117.

(2) En 1897 Hambourg importe, tonnes 179.046; 190.507 en 1898; 204.000 en 1901; 180.720 en 1904 ; 193.068 en 1905 : il exporte, tonnes 94.359 en 1898 ; 88.330 en 1904 ; 93.735 en 1905. (*Hamburg's Handel und Schiffahrt*).

(3) *Hamburg's Handel im Iahre 1903, Berichte, herausgegeben auf Veranlassung der Handelskammer*, p. 99.

Les chiffres suivants indiqueront les quantités de cafés entreposés au Havre, au 31 décembre des années :

1885.	43.348.175 kilogr.
1890.	11.619.926 —
1895.	27.849.868 —
1900.	89.110.088 —
1901.	141.915.984 —
1902.	185.090.370 —
1903.	207.693.692 —
1904.	185.466.552 —
1905.	129.328.476 —

(*d'après le Tableau général du commerce et de la navigation*).

Le Havre nous apparaît ainsi comme le grand entrepôt européen des cafés : on a pu d'ailleurs le définir « un *marché international* pour marchandises chères ». La définition paraît excellente ; comparé à certains ports étrangers, notre grand port de commerce accuse une infériorité technique sensible : de l'aveu même des intéressés « l'esprit d'armement est peu développé au Havre » et l'on a vu, en 1901, la Compagnie des *Chargeurs réunis* obligée d'affréter des cargo-boats anglais. En revanche, le Havre a le monopole du stock.

Quel motif de préférence, quel attrait particulier détermine donc les cafés à demeurer au Havre. « Le principal, répond M. P. de Rousiers, est sans contredit la bonne organisation du terme, complété par une Caisse de liquidation, institution locale, imaginée et constituée par des Havrais et qui a servi d'ailleurs de modèle à plusieurs créations analogues en France et à l'étranger ».

« Par l'intermédiaire des maisons qui le composent, le marché du Havre, grâce à son organisation termiste supérieurement conçue, offre à tous les opérateurs sur cafés, de n'importe quel point du globe, un ensemble de sécurités commerciales, de facilités très larges et très nettes pour l'ouverture, la conduite et la liquidation des transactions qui constitue un précieux secours pour toute entreprise rationnellement et prudemment tentée (1) ».

Cette conclusion d'un partisan des Caisses de liquidation, d'un défenseur du terme, semble résumer assez nettement les avantages qu'ont procuré à la place du Havre et cette introduction du terme et la création de la Caisse : elle en indique également les inconvénients et les dangers. A l'activité nouvelle ainsi apportée aux transactions, à la sécurité donnée à leur exécution s'oppose le développement de l'esprit de spéculation, voire du jeu. La spéculation déborde la place même : de tous les points du monde on spécule sur les cafés par l'intermédiaire des courtiers et des maisons de commission du Havre. Et, quoique endigué dans des règles strictes, « ne laissant place à aucune hésitation, à aucune équivoque, à aucune échappatoire, à aucune chicane (1) » cet esprit spéculatif, ainsi développé, n'en constitue pas moins aux yeux de quelques-uns, un mal et un danger que la beauté des résultats jusqu'ici obtenus ne suffit point à voiler entièrement.

*
* *

II. — Les commerçants en cafés de *Hambourg* se trouvèrent, après la création de la Caisse de liquidation et le développement du trafic à terme au Havre, fortement atteints dans les importations qu'ils ménageaient des pays producteurs aux Etats du Nord-Est et de l'Est de l'Europe. Ils hésitèrent cependant assez longtemps avant de se décider à introduire le terme à Hambourg, redoutant « l'insécurité résultant de la

---

(1) E. Delivet, *loc. cit.*

spéculation et un certain trouble, et de briser avec leurs vieilles habitudes ». Mais « les avantages dépassant trop les désavantages, on finit par détourner les yeux des abus que les contrats à terme amènent forcément (1) ».

Au début de 1887, « l'association des commerçants en cafés » fut créée « pour défendre les intérêts du commerce en cafés » en réalité pour introduire le marché à terme : au mois de juin de la même année, la *Waaren-liquidations-Casse* fut instituée sur le même modèle que celle du Havre. Le capital primitif, 3.000.000 de marks, divisé en actions de 1.000 marks, n'a point varié depuis cette époque.

De tous les éléments si complexes qui contribuèrent à la prospérité de Hambourg, — grand marché national, grand marché international, port de distribution pour les Etats du Nord, objet constant de la sollicitude gouvernementale, — il est difficile de dégager la part qui revint à cette introduction du terme et à l'établissement de la Waaren-liquidations-Casse (2). C'est sur l'activité propre de la Caisse elle-même que nous chercherons surtout à nous renseigner.

Les premières années de l'histoire de la Waaren-Liquidations-Casse sont toutes remplies du bruit des luttes qui s'engagent autour de l'institution nouvelle. Si la Caisse trouve dans certaines corporations marchandes d'ardents défenseurs,

----

(1) *Hamburg's Handel im Iahre 1887.*

(2) « Les conséquences de l'introduction du terme à Hambourg ont été des plus diverses : permettre à cette dernière ville une concurrence triomphante avec le Havre ; opposer une résistance heureuse au courant de constante décentralisation, alors surtout qu'aucune autre place nationale n'a essayé quelque lutte avec la puissante cité hanséatique ; assurer la détention dans un port européen, de stocks considérables, parmi lesquels le consommateur trouve la qualité désirée ; rendre le trafic moins dangereux pour l'importateur prudent ; faut-il ajouter que de nombreux abus se sont produits ? » Sayous, *loc. cit.*, p. 285. — Sur la concurrence triomphante avec le Havre et la constitution des stocks, voir plus haut, page 171.

de grandes firmes privées, de nombreuses chambres de commerce ne lui ménagent point leurs attaques, dès l'annonce de sa création, plus encore après les premiers exercices (1). Il faut bien voir d'ailleurs que les débuts de la Caisse ne furent point des plus heureux.

En 1887-1888, les opérations sur cafés enregistrées se chiffrent par 1,947,865,764 marks, représentant 23,784,500 sacs, dont 16,510,500 pour la seule année 1888. Le bénéfice net est de 1,342,045 marks, soit un dividende de 254 marks par action.

En 1889, les opérations enregistrées tombent de près de moitié : 9,488,500 sacs ; la Caisse subit une perte de 7,926.55 marks. De plus, la Caisse qui a, l'année précédente, admis les opérations sur les *sucres*, subit le contre-coup du krach de Magdebourg ; un seul client lui fait perdre 981,400 marks. Pour se couvrir de ces pertes, la Caisse est obligée de faire des prélèvements sur le *Delcredere-Fonds* et sur la Réserve.

En 1890, les opérations sont encore moins actives : du 1er janvier au 15 novembre, la Caisse n'a enregistré que 4,127,000 sacs de café et 6,322,000 sacs de sucre, — 4,790,000 sacs de café pour l'année entière (2).

Ces années difficiles une fois traversées, la Waaren-Liquidations-Casse se trouve momentanément entravée dans son essor par l'application du Börsengesetz de 1896. « Nous avons à constater, dit le *Rapport de la Waaren-Liquidations-*

---

(1) Voir Fuchs, *Der Waaren Terminhandel, Seine Technik und volkwirtschaftliche Bedeutung*, Leipzig, 1891, p. 40, s. q.

(2) Quantités (cafés) enregistrées au Havre pendant ces mêmes années :

1888	. . . .	19.770.000 sacs
1889	. . . .	13.240.500 —
1890	. . . .	12.097.500 —

Casse pour 1897, que nos opérations ont été entravées par la nouvelle loi. Nous avons, il est vrai, enregistré 770,000 sacs de café de plus qu'en 1896, mais, en présence de l'énorme récolte du Brésil, des approvisionnements considérables des principales places européennes et la baisse des prix de cette denrée, cette légère augmentation reste dénuée d'importance.

« Nous croyons pouvoir affirmer que, sans la loi des Bourses, les affaires en café auraient pris une bien plus grande extension, au grand avantage de Hambourg. Plus qu'auparavant les affaires à terme se sont transportées au Havre, où ont pu être accumulés de forts approvisionnements, grâce à la facilité de les répartir entre un grand nombre de mains ; il en résulte que beaucoup d'affaires effectives se sont aussi, au détriment de Hambourg, transportées au Havre.

« Le dommage causé par la loi au commerce des sucres est encore plus flagrant. Les enregistrements effectués à Hambourg et à Magdebourg ne portent ensemble que sur 11,632,500 sacs en 1897 contre 19,261,000 sacs en 1896 et 16,236,000 sacs en 1895, et cela malgré un rendement presque identique pour les deux dernières campagnes ».

Mêmes constatations dans les années qui suivent, mêmes plaintes formulées par les *Berichte* de la Zucker-Liquidations-Casse, de l'Abrechnungs-Casse de Leipzig. C'est surtout contre l'obligation à l'inscription sur le Registre de Bourse que s'élèvent les Caisses : « Les intéressés, ne voulant pas se faire inscrire au Registre de Bourse, s'adressent à l'étranger où ils sont reçus à bras ouverts ».

Les lois de finances, le *Depotgesetz* et le *Börsengesetz* ont apporté de réelles entraves à l'activité des Caisses de liquidation ; elles ne les ont point atteintes cependant dans *le principe même* de leur fonctionnement. Contre-partie directe de l'opérateur, la Caisse peut assumer la garantie des contrats, admettre la liquidation anticipée, ce qu'un *Clearing-House* de marchandises, *une Banque de marges*, ne sauraient faire sous le régime de la loi de 1896 ; là, en effet, les deux parties resteraient en relations directes, il faudrait le consentement commun de l'une et de l'autre pour qu'on pût, avant l'échéance, régler la situation, toucher les différences, exécuter par compensation les anciens marchés.

Depuis 1900 seulement, la Caisse semble entrée dans une période d'activité et de prospérité discontinue.

Les *quantités* enregistrées ont été :

ANNÉES	Cafés		Sucres
1897.	3.783.000	sacs	9.398.500
1898.	3.639.500	—	9.765.000
1899.	3.944.000	—	10.065.000
1900.	5.804.500	—	9.148.000
1901.	5.708.500	—	7.299.500
1902.	6.107.000	—	11.803.500
1903.	6.313.000	—	8.527.500
1904.	9.258.000	—	18.428.500
1905.	7.480.500	—	18.684.500
1906.	7.934.000	—	13.090.500

Le tableau suivant indique le chiffre des *bénéfices* et des *dividendes* distribués :

ANNÉES	Bénéfices bruts		Bénéfices nets		Dividende
	Marks		Marks		Marks
1899.	561.732	98	399.170	59	85
1900.	659.002	77	499.306	15	105
1901.	574.016	77	442.407	73	110
1902.	696.775	20	592.341	73	140
1903.	679.116	38	535.630	40	130
1904.	916.835	95	771.017	10	180
1905.	880.072	87	728.760	52	170
1906.	855.709	97	691.956	58	160

Les *Réserves* (Capital-Reserve-Conto et Delcredere-Fonds)
atteignent, en 1905, 1,502,116 marks. — en 1906, 1.571,311
marks (voir le tableau détaillé, p. 94).

L'excellence de ces derniers résultats ne doit point cependant nous voiler les points défectueux de l'institution. Aussi
bien, avons-nous vu les résultats tout différents obtenus dès
le début et comment l'existence même de la Caisse fut remise
en question tant par les pertes subies que par le peu de
confiance qu'elle inspirait alors.

Il est d'abord certains abus, — et des plus graves, —
qui proviennent directement de l'insuffisance de sévérité, de
rigueur dans la réglementation. D'une part, en effet, la Waaren-Liquidations-Casse a, par les facilités nouvelles et plus
grandes apportées à la conclusion, à la liquidation des transactions, développé l'esprit de spéculation dans une mesure
considérable ; dès la seconde année de son fonctionnement,
en 1889, sur 11,886,000 sacs de café traités (et la production mondiale étant de moins de 10,000,000 de sacs), 449,500
seulement furent livrés et reçus ; de même, seulement 404,000
sacs de sucre, sur 8,250,000 sacs traités. D'autre part, la
Caisse semble s'être assez peu préoccupée de donner à ces
facilités nouvelles, qui viennent agir comme une excitation au
jeu, un contrepoids suffisant dans la rigueur des dispositions
touchant soit au versement du déposit, soit à l'admission des
clients.

L'insuffisance du *déposit* exigé a frappé tous ceux qui s'occupèrent, dès le début, d'étudier le fonctionnement de la Vaaren-liquidations-Casse (1). Bien plus, l'autorisation accordée au
Conseil d'administration de dispenser du versement des *marges*

---

(1) Fuchs, *loc. cit,*, p. 47.

les personnes qui lui paraissaient devoir faire face à leurs engagements, a laissé la porte ouverte à tous les abus. L'admission à la Caisse n'est point prononcée par le Conseil d'administration de la Caisse elle-même, mais bien par une institution qui, pour être étroitement liée à la Waaren-liquidations-Casse, n'en est pas moins théoriquement et pratiquement indépendante (1) ; ni le domicile, ni la qualité de professionnel ne sont, en fait, exigés. Les courtiers, enfin, peuvent se porter parties aux contrats ; aussi spécule-t-on de tous les points du monde par leur intermédiaire ; s'ils ne peuvent ou ne veulent point obliger leurs mandants au versement intégral des déposits et des marges, ils s'exposent sans doute à des pertes, mais la Caisse elle-même se trouve également exposée, surtout si le courtier est dispensé du versement de ces mêmes marges.

Nous insistons sur ces défectuosités, et sans rappeler à dessein les correctifs et les atténuations que d'autres pièces du système peuvent et doivent apporter. Mais plus on diminue dans de semblables organisations le rôle et l'importance du mécanisme proprement *automatique*, — précautions préalables ou mesures spéciales à chaque opération déterminée qui doivent par leur jeu précis assurer d'elles-mêmes le maximum de garantie possible, — plus s'accroît la part de surveillance et de contrôle de la direction. Une administration attentive et diligente peut remédier sans doute à ces dangers signalés : les chiffres des derniers bilans en sont une preuve excellente. Il n'en est pas moins imprudent de multiplier ainsi, de parti pris, les dangers, d'ajouter aux difficultés de la direction et de faire dépendre le bon fonctionnement d'une institution qui vise un but d'utilité générale, de l'intelligence ou de l'honnêteté de

---

(1) L'Association des commerçants en cafés. Voir première partie, page 40.

quelques-uns. L'histoire de la Waaren-liquidations-Casse elle-même, non moins que celle de la *Zucker-liquidations-Casse* de Magdebourg, nous en fournit la meilleure preuve.

Les administrateurs (*Aufsichtsrath*) de l'une et l'autre de ces Caisses, entraînés dans l'agiotage effréné qui eut lieu sur les cafés à Hambourg en 1888 (1), à Magdebourg, sur les sucres, l'année suivante, usèrent de la Caisse pour exagérer leurs propres spéculations et écraser d'autant plus facilement leurs adversaires qu'ils connaissaient leurs positions exactes grâce au tableau des opérations enregistrées (2). Mais des arrivages non prévus vinrent donner tort aux haussiers : on dut, en septembre 1888, suspendre à la Waaren-liquidations-Casse l'exécution de tous les contrats, atermoyer toutes les opérations par une sorte de faillite collective qui, non moins que les variations fantastiques des cours, firent subir au commerce d'énormes pertes. A Hambourg, la nomination d'un nouveau conseil d'administration, certaines réformes immédiates (3), parvinrent à sauver la Caisse : elle a paru, depuis, vouloir profiter des leçons de ce que, avec une certaine indulgence, les Hambourgeois appellent une crise de croissance (*kinderkrankheit*).

La Zucker-liquidations-Casse de Magdebourg, qui datait du 24 septembre de cette même année 1889, dut presque aussitôt consentir une réduction de son capital, de 3,000,000 à 2,000,000 de marks. Sa mise en liquidation, demandée une première fois par les actionnaires en 1897, fut définitivement obtenue en 1899.

Il faut voir, croyons-nous, les causes de la disparition de la

____

(1) Sur le *Corner* de Hambourg de 1888, voir Dolléans, *op. cit.*, p. 175.

(2) V. Claudio Jannet, *op. cit.*, p. 271.

(3) L'étroitesse du type a été une des causes principales de la crise : le type depuis adopté est composé comme celui du Havre.

Zucker-liquidations-Casse moins dans l'étroitesse relative de son activité ou dans la concurrence de Hambourg (1) que dans le peu de confiance qu'ont pu inspirer aux opérateurs et ses débuts malheureux et l'imperfection de son règlement. Dès 1899, en effet, une société nouvelle, la *Magdeburger-liqui-dations-Casse*, se fondait sur la place de l'ancienne, au même capital de 3,000,000 de marks. Une note de la *Frankfurter Zeitung* du 9 mars 1899 présentait cette Magdeburger-liquidations-Casse comme devant être une sorte de *filiale* de la Hamburger-Waaren-liquidations-Casse, qui aurait fourni la majeure partie du nouveau capital ; en réalité, il n'y eut là qu'un projet qui ne fut même pas présenté à l'assemblée des actionnaires. « *Gesellschaft mit beschränkter Haftung* », la nouvelle Caisse n'est point tenue à la publicité de ses bilans. Nous n'avons pu nous procurer que ceux des années 1904-1905, publiés par le *Deutscher Reichsanzeiger* du 9 avril 1906 : les bénéfices nets accusés sont pour 1904 de 76,749 marks, de 90,946 marks pour 1905.

*_**

III. — L'introduction du marché à terme à *Roubaix-Tour-coing* en 1888, la création de la Caisse de liquidation en

---

(1) Voir dans la *Réforme économique* du 10 décembre 1905 une histoire qui nous paraît assez fantaisiste : « Il arriva qu'un jour (?) un important courtier de Magdebourg fut en difficultés avec les dirigeants de ce marché... Le courtier transporta sa maison à Hambourg. Là notre homme s'aboucha avec les principaux commerçants, et bientôt après le marché de spéculation sur les sucres n'était plus à Magdebourg. Il était installé à Hambourg où, depuis lors, il est toujours resté ». L'anecdote, nous dit-on, doit faire réfléchir les dirigeants du marché de Paris : leur mauvais vouloir, à propos de la création de la Caisse de liquidation, pourrait bien avoir comme conséquence le déplacement du marché des sucres de Paris au profit d'une autre place, du Havre par exemple.

1892, — la création simultanée du marché à terme et de
l'*Abrechnungs-Casse für Kammzuggeschäfte*, à *Leipzig*, en
1890, — procèdent également d'un double désir : limiter
les risques des importateurs et des industriels en leur permettant de se couvrir aisément à la moindre fluctuation des
cours ou dès la conclusion de leurs marchés ; — détourner
sur ces places une partie du mouvement des laines jusqu'alors
monopolisées par Londres et Anvers (1). « Laisser sans concurrence le marché d'Anvers, qui était et qui est encore moins
le marché de la Belgique que celui de l'Allemagne, c'était,
— disait M. L. Cordonnier, l'un des fondateurs de la Caisse, —
laisser passer aux étrangers la prédominence ». — Et le premier rapport de l'Abrechnungs-Casse s'exprimait ainsi : « Le
marché à terme sur laines peignées fonctionnant déjà depuis
quelques années sur certaines places étrangères, on a reconnu
la nécessité de le transplanter en Allemagne pour empêcher
que les firmes allemandes fussent obligées de passer par l'intermédiaire de l'étranger pour les marchandises allemandes
elles-mêmes. Les résultats obtenus par notre institution,
fondée le 1ᵉʳ janvier, ont dépassé toutes les espérances ».

Mais les années qui suivirent furent moins heureuses pour
l'Abrechnungs-Casse : on en peut juger par ce tableau des
quantités enregistrées au marché à terme de Leipzig et des
dividendes annuellement distribués par la Caisse :

---

(1) Cf. Sayous, *loc. cit.* (1898) : le trafic en laines peignées de Leipzig,
p. 291, sq. ; M. Colrat, *Le terme sur laine peignée et la crise de Roubaix*
(Revue politique et parlementaire, janvier 1901) ; H. Pupin, *La crise lainière
de Roubaix-Tourcoing et le marché à terme*, 1900 ; Dolléans, *loc. cit.* ; Delcambre, thèse citée.

Quantités enregistrées :

ANNÉES

1890	37.155.000 kilogr.
1891	32.955.000 —
1892	25.520.000 —
1893	11.965.000 —
1894	10.380.000 —
1895	18.025.000 —
1896	13.805.000 —
1897	5.850.000 —
1898	5.925.000 —
1899	10.005.000 —

A partir de cette date, le marché officiel est supprimé : les cotes officielles sont interdites ; il est également interdit de traiter des affaires en Bourse : les litiges concernant ces affaires ne peuvent être portés en justice. Les affaires à terme reviennent à des marchés à livrer : mais la seule chose qui fut en somme véritablement prohibée, c'est la publication de la cote officielle.

Dividendes distribués :

ANNÉES

1890	9,50 0/0	Capital 5.000.000 marks
1891	7,75 —	
1892	5,75 —	
1893	2,75 —	
1894	2 —	
1895	4 —	
1896	3,75 —	
1897	7,50 —	
1898	5,50 —	
1899	9 —	
1900	14 —	
1901	8 —	Première demande de liquidation. Réduction du capital à 2,000,000 marks.
1902	0,50 —	
1903	*Liquidation de la Société.*	

Les causes de ce peu de succès de l'institution sont, avant tout, des *causes générales*. Repoussés de Berlin, où primitivement ils avaient voulu fonder leur marché et leur Caisse, les négociants en peignés, installés à Leipzig, se virent bientôt opposer par les agrariens de nouvelles difficultés : le vote de la loi des Bourses, l'obligation à l'inscription des opérateurs au Registre des marchandises, l'hostilité des filateurs eux-mêmes, l'interdiction, en mai 1899, du marché à terme sur laines peignées, détournèrent les transactions du jeune marché de Leipzig. Les rapports annuels du Conseil d'administration énumèrent successivement ces différentes causes et déplorent leurs effets. A notre point de vue particulier, seules, les causes plus immédiates de la chute de l'Abrechnungs-Casse offrent un intérêt et un enseignement précis.

On sait comment les Banques allemandes, directement intéressées dans les entreprises industrielles et commerciales de toutes sortes, eurent à subir le contre-coup de la crise économique qui sévit avec une réelle intensité pendant la période 1900-1901 (1). Un grand nombre de banques locales et de Sociétés s'abîmèrent : la chute la plus retentissante fut celle de la *Leipziger Bank* qui passait pour l'un des plus solides établissements de l'Allemagne centrale : fortement ébranlée par la faillite d'une Société industrielle, la *Treber Trocknung*, à qui elle avait consenti des crédits considérables, la Leipziger Bank dut suspendre ses paiements, en juin 1901, entraînant dans sa propre chute d'autres banques et Sociétés diverses. L'*Abrechnungs-liquidations-Casse* fut du nombre : ses relations avec la Leipziger Bank, seule, lui firent perdre près de 60,000 marks : en outre, d'un emploi de ses fonds en 1,200

---

(1) V. Edgard Depitre : « *Le mouvement de concentration dans les Banques allemandes* », p. 104 et suiv.

actions de priorité d'une Société de caoutchouc (Gummi-Werke-Elbe) également commanditée par la Leipziger Bank, la faillite de l'une et l'autre Société firent une perte sèche. Le 6 mars 1903, l'assemblée générale des actionnaires décidait la dissolution de la Caisse : le bilan final se chiffrait, total égal, par 722,292 marks seulement.

L'exemple de l'Abrechnungs-Casse illustre donc d'une façon précise ce que nous avons dit plus haut de l'obligation pour une Caisse de liquidation de chercher, soit pour ses propres capitaux, soit pour les fonds déposés chez elle, des emplois d'une solidité reconnue, autant que possible soustraits à l'influence des crises éventuelles, économiques ou politiques, et facilement réalisables. C'est la sécurité plus que les gros intérêts qu'il faut avoir en vue : d'une administration trop audacieuse ou peu clairvoyante dépendent et l'existence de la Caisse et la stabilité du Marché.

Née du même désir de limiter les risques des importateurs et d'échapper à la nécessité de payer de fortes provisions aux marchés étrangers, à celui d'Anvers en particulier, la *Caisse de liquidation de Roubaix-Tourcoing*, créée le 5 novembre 1892, au capital de 1,200,000 francs, divisé en 1,200 actions de 1,000 francs chacune, nous offre des destinées sensiblement différentes.

Ses débuts furent, comme ceux de la Caisse de Hambourg, difficiles : contre elle, et beaucoup moins justement à notre avis, se liguent à l'origine les négociants, les Chambres de commerce des places concurrentes : Amiens, Fourmies, Sedan, — *Reims*, qui cependant avait tenté d'introduire le terme et créé une Caisse de liquidation. Moins de cinq ans après la création de la Caisse de Roubaix, — cinq années de luttes et de véritables haines locales, — la nomination de la

Commission parlementaire des marchés à terme faisait qu'on pût devant elle résumer ces attaques. Voici le réquisitoire (1).

1º Le marché à terme de Roubaix-Tourcoing créé pour développer les marchés à livrer réels est complètement détourné de ce but par la spéculation (90 0/0 d'affaires fictives).

2º Ces opérations faussent les cours et troublent le marché qui est à la merci d'étrangers au commerce de la laine.

3º L'industrie de la laine (produisant près d'un milliard) subit le contre-coup des variations du marché.

4º Ce marché, extrêmement restreint et n'ayant pas l'élasticité des marchés internationaux se prête à l'étranglement et à des fluctuations qui sont à la discrétion des joueurs.

5º Dans les désastres lainiers des dernières années, le marché à terme a été le refuge des insolvables qui y ont laissé ce qui leur restait, au détriment de leurs créanciers.

A ces accusations assez vagues et imprécises, M. L. Cordonnier, président du Conseil d'administration de la Caisse de liquidation, entendu à son tour, eut beau jeu pour répondre (2). Sans s'attacher à relever certaines erreurs trop évidentes et que les membres de la Commission eussent pu d'eux-mêmes rectifier (tel l'argument tiré de la valeur croissante des actions de la Caisse « qui de 250 francs au début sont actuellement (1898) de 1200 à 1500 francs ») il expliqua, de façon fort sobre, le mécanisme de la Caisse et ramena à leurs justes proportions certains faits trop violemment exploités contre elle. Il reconnut cependant que des personnes étrangères à la laine, avaient pu spéculer : « Des cas ont pu se produire, mais en

____

(1) *Rapport Dron*, p. 110.
(2) V. *Rapport Dron, loc. cit.*

nombre très restreint, huit ou dix peut-être : des personnes
étrangères à la laine ont pu opérer mais par l'intermédiaire de
clients autorisés par la Caisse de liquidation. C'est pour éviter
cet abus, que nous avons restreint dans la mesure qui nous a
paru bonne, le crédit des maisons admises au marché à
terme ».

Mieux encore, une rédaction nouvelle de l'article 2 du Règlement, rendu beaucoup plus strict, est venue sur ce dernier
point donner satifaction aux plus exigeants. Depuis, l'attitude
du Syndicat rémois s'est d'ailleurs fortement modifiée. Il pro-
clamait plus tard que les Règlements de Roubaix-Tourcoing
étaient *les modèles du genre*, et reconnaissait la parfaite gestion du t rme roubaisien (2).

Aussi bien, dès cette époque, on peut, — sans même tirer
argument des témoignages unanimes de la place touchant la
parfaite honorabilité des membres du Conseil d'administration,
ou de considérations générales comme par exemple l'accroisse-
ment de la population de Roubaix-Tourcoing, (Roubaix, l'industrie et Tourcoing, le négoce), qui en dix années gagne plus
de 50,000 habitants, — on peut de faits précis, dégager le
sérieux de l'institution, en faire apparaître les avantages
obtenus tant au point de vue de la sécurité de la place qu'au
point de vue de son développement industriel et commercial.

a) Le tableau suivant indique pour les trois périodes 1880-
1888 antérieure à l'introduction du marché à terme, — 1888-
1893 antérieure à la création de la Caisse de liquidation, —
1893-1899 postérieure à la Caisse et antérieure à la fameuse
crise sur laquelle nous allons avoir à revenir plus longuement,
les prix extrêmes dans chaque année, l'écart des cours et la
moyenne de cet écart, pour chacune des périodes indiquées :

------

(2) **M. Colrat,** *loc. cit.*

ANNÉES	Plus haut	Plus bas	Écart	Moyenne
1880.	10	7.90	2.10	
1881.	7.60	7.05	0.55	
1882.	7.50	7.15	0.35	
1883.	7.15	7.10	0.05	
1884.	7	6.75	0.25	0.99
1885.	6.80	5.55	1.25	
1886.	7.25	4.65	2.60	
1887.	6.45	5.65	0.80	
1888.	6.25	5.65	0.60	
1889.	7.20	5.85	1.35	
1890.	6.95	5.90	1.05	0.89
1891.	5.85	4.90	0.95	
1892.	5.15	4.65	0.50	
1893.	5.25	4.45	0.80	
1894.	4.50	3.80	0.70	
1895.	5	3.80	1.20	
1896.	4.60	3.825	0.77	0.81
1897.	4.10	3.70	0.40	
1898.	4.90	3.90	1	

(Relevé d'après le Bulletin des Laines)

Les fluctuations de cours furent donc, en moyenne, moins
sensibles après l'introduction du terme, moins sensibles encore
après la création de la Caisse : de même c'est dans la première
de ces périodes que se rencontrent les écarts de prix les plus
élevés, 2 fr. 60 en 1886, 2 fr. 10 en 1880.

b) D'autre part, le relevé des mouvements de laines peignées aux *conditions publiques* des centres industriels du
Nord de la France accuse pour Roubaix une augmentation sensible : 12.913.000 kilog. en 1880, 27.664.250 kilog. en 1898,
pour Tourcoing, 11.866.148 kilog. en 1880, 25.515.178 kilog.
en 1898, soit, pour les deux places réunies, une augmentation
de 28.399.290 kilog. alors que ;

Reims,   passe de 4.119.806 kilog. en 1880 à 6.876.511 kilog. en 1898
Fourmies   —   1.987.949   —   —   3.284.088   —   —
Amiens   —   1.821.665   —   —   600.156   —   —

c) Le tableau suivant des opérations en peignés enregistrées au *marché à terme*, montre enfin comment Roubaix-Tourcoing avait su reprendre en partie l'avance prise par le grand marché belge.

		Roubaix-Tourcoing	Anvers
Octobre-Décembre	1888. .	3.675.000 kilogr.	39.340.000 kilogr.
Année	1889. .	37.075.000 —	56.240.000 —
—	1890. .	47.525.000 —	64.195.000 —
—	1891. .	17.390.000 —	41.875.000 —
—	1892. .	28.130.000 —	47.975.000 —
—	1893. .	30.380.000 —	37.065.000 —
—	1894. .	53.460.000 —	51.470.000 —
—	1895. .	37.625.000 —	54.735.000 —
—	1896. .	38.250.000 —	46.320.000 —
—	1897. .	21.905.000 —	36.815.000 —
—	1898. .	24.085.000 —	36.330.000 —
—	1899. .	41.790.000 —	58.120.000 —

Le marché à terme sur laines peignées, la Caisse de liquidation, se présentaient donc à cette date comme favorables à la manufacture et au négoce français ; moins nombreux se faisaient les adversaires. Les événements de 1900 vinrent soudain raviver les attaques. Le 22 juin 1900, « au nom de 250,000 travailleurs, de 2,000 patrons, des Chambres de commerce et des comices agricoles de 53 départements », un député, M. Mirman, demandait à la Chambre « d'extirper le chancre qui empoisonnait l'industrie lainière, de protéger 250,000 travailleurs contre un petit groupe de financiers et de joueurs », — les directeurs de la *maison de jeu*, de la *roulette*, — de la Caisse de liquidation de Roubaix-Tourcoing.

On connaît la suite des événements qui vinrent constituer la crise de Roubaix, — en réalité la crise de *la laine* tout entière, car elle a sévi avec une réelle intensité sur toutes les places lainières de l'Europe. Pour bien saisir le rôle de la Caisse de liquidation, il nous faut en résumer brièvement les grandes lignes : la hausse, la baisse, le krach final.

1) En 1897, 1898, la fabrique réalise de gros bénéfices : la persistance de la mode, la réduction de la production, l'épuisement des stocks motivent la hausse des laines ; chiffres extrêmes en 1897 = 4,10 — 3,70. En 1898 = 4,90 — 3,90. L'année 1899 débute par un mouvement ascensionnel. Non seulement Roubaix, mais toute l'Europe, a peur de voir la matière première faire défaut (1) ; la fabrique escompte que la mode aidant, la consommation continuera à ratifier les cours élevés (2). Roubaix achète : le peigné, parti de 4,80 en janvier 1899, atteint 4,95, puis redescend à 4,82 au 1er mars. A partir de cette date, c'est un véritable emballement du

---

(1) « Les circulaires lainières commentaient douloureusement les effets de la sécheresse en Australie. La mortalité, nous disait-on, était là-bas effrayante. L'on ajoutait même que les plaines du Queensland étaient blanches de carcasses de moutons ; il y avait là un fond de vrai, mais dans d'autres pays il y avait compensation. On disait encore que les croisements étaient tels que le mérinos n'existait plus.... Telle était la thèse de tous les jours ». Motte, Discours à la Chambre, *Officiel* (9 juillet 1900).

(2) « La mode du moment vint aussi, pour sa part, contribuer à étendre le désastre. On portait, en effet, en 1899, beaucoup de costumes tailleur et d'étoffes dont la fabrication nécessitait l'emploi de laines fines. Or, comme c'était précisément pour cette laine fine qu'on s'attendait à une pénurie beaucoup grande, l'emballement fut beaucoup augmenté de ce fait. Les bénéfices réalisés dans ces genres par la fabrique avaient été considérables, et pas un instant on ne réfléchit que, détournée par la hausse, la consommation pourrait se porter d'un autre côté.

A ceux qui faisaient l'objection, on répondait simplement que dans un vêtement il n'y avait qu'un poids minime de laine fine et que le client ne s'apercevrait même pas de cette hausse, limitée à 5 à 6 francs, sur un produit qui lui coûte de 60 à 140 francs ». Motte, *id.*

commerce lainier tout entier : le négoce ne vend que très peu ou pas du tout, la fabrique achète non seulement pour sa consommation journalière, mais bien au delà. Le peigné atteint 6,20 dans le courant de mai.

Quelques maisons, plus prudentes, s'aperçoivent alors de ce qu'une telle hausse présente de factice et de dangereux : elles en avertissent leur clientèle par circulaires (Savarin et Cⁱᵉ, Meura et Dumonchel) ; certains haussiers raisonnables liquident leur situation : le peigné réactionne à 5,70 en juillet, indication dont personne ne veut profiter. La hausse reprend le dessus, violemment accentuée par les rachats du découvert, finalement épouvanté. En novembre et en décembre, le peigné atteint le cours de 6,80.

En même temps, la nouvelle campagne s'ouvrait : par suite de la hausse démesurée des prix d'Europe, les achats s'opèrent en Australie et à la Plata à des prix de fantaisie ; chose plus grave encore, le commerce d'importation, contrairement à ce qu'il faisait chaque année, ne vend pas en arbitrage sur le marché à terme la contrepartie de ses achats, dans l'espoir d'opérer plus tard ses ventes à des conditions plus avantageuses encore. L'erreur ici semble bien avoir consisté non seulement à ne pas suivre les indications du terme, mais à ne pas s'en servir.

2) En face de ces prix inabordables pour elle, la consommation se dérobe : les hauts cours provoquent une transformation de la draperie courante : on se rejette sur les tissus chaîne-coton. Le 16 décembre 1899, la baisse commence ; de 6,80 le peigné tombe à 6,50. En janvier 1900, la réaction s'accentue : le négoce, déjà inquiet, vend sur une large échelle : du 16 au 20, on traite entre prix variant de 6,25 à 5,80 : le mois clôture à 5,75.

A ce moment un premier Syndicat (il y en eut jusqu'à

trois) se forme pour maintenir les cours : il rachète les rapprochés « accumulant ainsi en quelques mains les filières jusqu'alors éparses, travaillant à concentrer les pertes, désormais certaines, dans un moment où le mieux eût été de les répartir. Il se servait du terme à rebours, construisait une digue quand il eût fallu au contraire, ouvrir les écluses » : le cours remonte jusqu'à 6 francs. Mais, en mars, les importateurs veulent vendre à tout prix : le marché s'effondre à 5,15.

Le 25 juillet, les cours tombent à 4,12, flottent, fin août, entre 3,70 et 3,80, accusant sur ceux de décembre 1899, une moins-value de près de 50 0/0. Deux maisons à Roubaix, quinze à Tourcoing, ont déposé leur bilan.

Tels sont brièvement résumés les événements qui constituent le krach lainier de 1900. Quelles en furent les causes, quelles en furent les conséquences ?

Que Roubaix-Tourcoing ait spéculé comme aussi Leipzig (1), Brême, le Havre, Verviers, Anvers, cela est indéniable : que Roubaix-Tourcoing se soit trompé avec toute l'Europe, exagérant les stocks et les prix, le fait est certain et avoué. Mais faut-il rendre le marché à terme et la Caisse de liquidation, — *la Roulette*, — de Roubaix-Tourcoing seuls responsables de la crise. Nous ne le croyons pas, tout au contraire.

Le terme, a dit en substance M. Motte, n'a pas été la cause de la crise ; il aurait pu la conjurer. La baisse de 1900 n'est pas un fait inédit : alors même que le terme n'existait pas, il s'était produit en 1880, en 1885 et 1886 des différences au moins aussi grandes que celles qui furent constatées en 1900. De 1890 à 1895, le peigné était tombé

______

(1) Anvers enregistre en 1899, 58.120.000 kilog. en 1900, *99.120.000* contre 36 millions en 1897, 1896. — Le Havre, Leipzig, plus du double des années précédentes.

de 7 francs à 3 fr. 20 le kilog. C'est la hausse de 1899 qui a
été le fait anormal : la crise provint des achats immodérés faits
par erreur, elle s'aggrava démesurément par ce fait que les
importateurs ne voulurent point précisément *user du terme*,
gardant par devers eux les stocks qu'ils espéraient revendre
plus tard à des prix plus avantageux (1) : il faut voir en effet
que pendant toute cette période, les prix pratiqués à la corbeille
furent *inférieurs* aux prix d'achats pratiqués en Australie ;
c'est pourquoi les importateurs abandonnent le terme. Plus
tard seulement, quand des syndicats se formèrent pour maintenir les cours à la hausse, le terme, dont on use à rebours,
apparaît comme un instrument, non comme la cause de la
crise.

Comme on n'use pas du terme, de même on ne passe pas
par la Caisse de liquidation ; il lui fut donc impossible de
prévenir la crise et l'on a fait justement remarquer que la plupart des maisons qui s'abîmèrent n'étaient inscrites à la Caisse
que pour un chiffre d'opérations très restreint. A la différence
de ce qui se passe à Hambourg en 1888, la Caisse exige toujours les garanties prescrites par les Règlements ; dans le but
d'enrayer la débâcle, et quand on revient au terme, elle
accroît ces mêmes garanties. Pour écarter les vendeurs à
découvert, elle élève le déposit original de 1,000 à 2,000 fr.
La précaution apparaît bientôt insuffisante. Par délibération
du 21 août, le Conseil d'administration prend la décision suivante : « A partir de mardi prochain, 28 août, le déposit pour
chaque opération d'achat et de vente est fixé à 3,000 francs.

« En outre, toute opération de vente ou d'achat qui ne se
résoudra point par une livraison ou une prise de livraison
effective, sera frappée d'une taxe de 0 fr. 05 au kilogr., soit

---

(1) Tourcoing, — le négoce, — a aussi le plus souffert de la crise.

250 francs par bordereau de compensation. Tout achat ou toute vente, enregistrée antérieurement au 23 courant, sera liquidée sous l'empire de l'ancien régime.

« En outre, la Caisse refusera d'enregistrer toute inscription aux maisons de commission qui ne lui feraient pas enregistrer toutes leurs opérations sans aucune exception ».

Cette nouvelle élévation du déposit avait une double raison d'être : mettre la Caisse à l'abri des fluctuations énormes de cours, — empêcher les tentatives de spéculation à la baisse, opérations qui pouvaient être sages et licites au point de vue personnel mais qui accentuaient encore la baisse fatale aux intérêts généraux de la laine.

Le 26 août était un dimanche, le 27 fête locale. Plusieurs maisons se trouvant, le 28, dans l'impossibilité de faire face à leurs engagements, la Caisse de liquidation fait, dans la matinée, afficher l'avis suivant : « **Par délibération du Conseil** en date de ce jour, à partir de la Bourse de onze heures, toute vente nouvelle à découvert ne sera enregistrée que contre un déposit de 10,000 francs.

« Au cas où le versement de ce déposit ne serait pas fait le lendemain avant midi, une amende de 2,000 francs par filière sera appliquée au vendeur. Toute vente en couverture ou tout achat quelconque restent sous l'empire de l'ancien règlement ».

Le même jour, la cote est suspendue par les présidents des Chambres de commerce de Roubaix et de Tourcoing. Cette mesure, mal accueillie, est bientôt rapportée : dans la semaine, les cours reprennent de 3,70 à 3,90.

Au lieu d'exécuter brutalement les opérateurs en défaut, — au lieu d'atermoyer toutes les opérations par une sorte de faillite collective, la Caisse est parvenue à vendre à l'amiable un certain nombre de filières en souffrance ; pas un des opérateurs à terme ne perdit un centime par suite de l'insolvabilité de sa contre-partie ; la Caisse elle-même fut intégralement payée. Ses mesures énergiques ont enrayé la débâcle, empêché la panique, raréfié les spéculations à la baisse qui auraient aggravé et précipité encore la chute des cours.

Tel fut le rôle de la Caisse de liquidation pendant la crise lainière de 1900 : il suffirait à expliquer la confiance que tous, industriels et négociants, nationaux ou maisons étrangères représentées à Roubaix comme l'exigent les Règlements minutieusement revus et toujours strictement appliqués, lui témoignent. « Une raison d'économie nationale justifie le marché à terme de Roubaix-Tourcoing : il n'a été institué qu'après celui d'Anvers ; tant que durera celui-ci, celui-là devra défendre les intérêts de l'industrie française » (1). Et là, la Caisse de liquidation apparaît bien remplir exactement l'objet que lui proposèrent ses fondateurs : « assurer dans la plus large mesure la correction des opérations à terme ».

Le marché si fortement ébranlé, s'est rétabli rapidement : la Caisse de liquidation qui, en 1901, n'avait plus enregistré que 20,195,000 kilog. de laines peignées représentant 4,039 opérations a successivement enregistré :

ANNÉES

1902	11.350.000 kilogr.	ou	2270	opérations
1903	20.550.000 —	—	4110	—
1904	23.635.000 —	—	4727	—
1005	29.360.000 —	—	5872	—
1906	43.735.000(2) —	—	8747	—

Les *dividendes* annuellement distribués furent, depuis 1900, de :

____

(1) Dolléans, *op. cit.*, p. 199.
(2) Anvers, 48.915.000 kilogr.

70 francs par action en 1901
30   —   —   1902
50   —   —   1903
55   —   —   1904
65   —   —   1905
100   —   —   1906

Les réserves atteignent en 1906, 407,649 francs (capital, 1,200,000 fr.) (Voir le Tableau détaillé, p. 92).

Le relevé des mouvements des conditions publiques des cinq grands centres industriels du Nord de la France montre enfin l'importance croissante prise par Roubaix-Tourcoing qui détient en 1906, 52,014,735 kilog. de peignés et Reims, 6,225,513 kilog.; Fourmies, 2,034,387 kilog.; Amiens, 420,260 kilog. seulement (1).

***

IV. — A *Reims*, la Caisse de liquidation, fondée en 1889, disparaît en 1891 ; la Caisse de liquidation de *Marseille* dure cinq ans à peine. A *Paris* même, et dès avant la tentative qui suivit les événements de 1905, deux Caisses de liquidation furent créées, l'une en 1885 avec le concours de la Banque de Paris et des Pays-Bas et de l'ancien Comptoir

---

(1) Dès 1888, on avait tenté d'installer à Roubaix-Tourcoing un marché des laines brutes : mais, comme le dit M. Cordonnier, « il ne nous a manqué qu'un acheteur et un vendeur ». Une nouvelle expérience a été faite, en 1906, sans grand succès : la Caisse a enregistré la vente de cent cinquante balles de laine en suint, soit six opérations. Il semble qu'un marché de laines brutes aurait plus de chances de réussir à Dunkerque, le plus important de nos ports continentaux d'entrée des laines brutes : des efforts ont de nouveau été tentés récemment pour la création de ce marché à terme à Dunkerque, avec transactions contrôlées par la Caisse de liquidation de Roubaix-Tourcoing : cette dernière place y gagnerait d'échapper ainsi à la domination parfois despotique du Havre (Voir la brochure : *Marché à terme pour laines en suint à Roubaix-Tourcoing, Dunkerque*, de M. Fr. Bernard, 1906).

d'Escompte, — la seconde, en 1887, par la Banque commerciale et industrielle : toutes deux n'eurent qu'une existence éphémère.

Une même raison générale explique le peu de succès, la brève disparition de ces diverses institutions : elles ne sont pas à la mesure des marchés, elles meurent faute d'éléments.

La place de Reims voit son stock de peignés diminuer chaque jour : de 8 millions de kilog. en 1885, il tombe à 6 millions en 1892, 5 millions en 1900, 6 millions en 1906. Le chiffre des affaires enregistrées par la Caisse est toujours demeuré des plus restreints (158,000 kilog. en 1891) : c'est cela qu'il faut entendre quand on parle des « circonstances locales » qui motivèrent sa disparition (1).

A Paris, la variété des marchandises, le nombre considérable des spéculateurs ont pu créer des difficultés spéciales. Là, les clients du marché à terme sont, ou bien de très grosses maisons qui traitent directement entre elles, se contrôlent mutuellement, jouissent d'un crédit considérable et, par suite, n'ont pas besoin de l'aide de la Caisse, — ou, au contraire, de petits spéculateurs que l'obligation au déposit et aux marges met en fuite.

La seconde des institutions créées sur la place de Paris, simple annexe d'un établissement qui s'occupait d'opérations d'un ordre tout différent pouvait, en outre, présenter le gros inconvénient de faire dépendre la solvabilité de la Caisse de

____

(1) *Rapport Dron*, déposition Cordonnier, p. 134 : « Un marché ne peut s'établir et prospérer que là où il a sa raison d'être ou si l'on veut sa nécessité. Or, Roubaix-Tourcoing, place de forte consommation, offrait au marché à terme sur laines peignées des conditions qu'il ne saurait trouver ailleurs : c'est pour cela qu'il s'y est développé et qu'il s'y est fait apprécier. Il y a là tout un ordre d'idées sur lequel il serait délicat d'insister ».

liquidation de celle de la Société tout entière et du succès de ses affaires.

L'hostilité des courtiers qui s'est manifestée de façon si nette en 1905, fut sans doute aussi pour beaucoup dans cet insuccès : créées de toutes pièces par des Banques, en dehors du monde de la Bourse des marchandises, considérées comme des organismes artificiels, elles ne trouvèrent point auprès des différents syndicats l'appui nécessaire : en un mot, elles ne furent point l'œuvre du marché lui-même ; et c'est là la condition première et nécessaire de l'existence et du bon fonctionnement de semblables institutions.

**

Après, et seulement après cet examen rapide des faits, où nous nous sommes efforcés de dégager les raisons d'être et les traits essentiels de l'histoire et du fonctionnement des Caisses de liquidation, quelques conclusions sont permises.

Et tout d'abord du double objet qui fut, en principe, assigné aux Caisses de liquidation : assurer la *sincérité des cours*, la *sécurité des transactions*, il faut bien reconnaître que le premier, le plus délicat aussi, ne fut que très imparfaitement rempli par la plupart de celles que nous venons d'étudier. On a noté le développement de l'esprit de spéculation au Havre, à Magdebourg, à Hambourg surtout, — esprit de spéculation qui déborde de ces places mêmes puisque l'on y peut opérer de tous les points du monde par l'intermédiaire des courtiers et des maisons de commission. La sévérité du Règlement de Roubaix-Tourcoing semble mettre la Caisse à l'abri d'un tel reproche, mais pourtant il fut avoué devant la Commission d'enquête que des cas s'étaient produits où des professionnels de la place avaient pu servir de prête-noms et d'intermédiaires à des joueurs. De cela seul, sans doute, il serait injuste de formuler un grief : mais cela prouve aussi combien sont grandes les difficultés de direction et de contrôle, — contre quelles ruses aussi doit lutter toute politique d'assainissement du terme. L'interdiction formelle imposée aux courtiers de faire enregistrer des opérations sous leur propre nom, une sévère limitation des crédits semblent ici les remèdes les plus certains, en tout cas les plus désirables.

Plus réellement assurée nous apparaît avoir été la *sécurité des transactions*. Malgré les variations considérables des cours, pas un opérateur n'a perdu un centime du fait de l'insolvabilité de sa contre-partie au Havre et à Roubaix-Tourcoing. Cependant ici encore une exception doit être faite : le texte de Hambourg « dispensant du versement des marges tout opérateur qui *paraît* devoir faire face à ses engagements » trop largement interprété par une administration négligente et coupable a été l'une des causes de la faillite collective de 1888, des pertes énormes qui en résultèrent pour la place. La stricte obligation, et de la part de tous, au versement intégral des marges est la meilleure, pour ne pas dire la seule garantie de la Caisse et de tous ceux qui traitent avec elle : des dispositions comme celles de Hambourg apparaissent comme contradictoires avec l'idée même des Caisses de liquidation et de garantie.

Mais d'autre part, ces versements successifs de différences, non moins que les élévations du déposit possibles et dans les proportions qu'on a vues à Roubaix-Tourcoing en 1900, viennent constituer des charges onéreuses. Sans doute nous ne voyons point qu'elles apportèrent au Havre ou à Roubaix-Tourcoing de trop rigoureuses entraves au commerce et à l'industrie : nulle plainte de ce chef, quelques rares défaillances seulement. C'est pourtant la sévérité de cette même obligation

aux marges qui, à Paris, éloigne les opérateurs des Caisses de
liquidation. La raison de cette apparente contradiction doit
être recherchée autant dans la différence de nature des marchandises traitées, — à Roubaix, à Hambourg, au Havre,
produits spéciaux d'importation, marchandises internationales
relativement chères ; à Paris, multiplicité de produits dont
les éléments constitutifs relèvent avant tout de la production et
de l'industrie indigènes, — que dans la différence des clientèles
de ces places, — ici fortes maisons de capitaux et de crédit
sensiblement égaux, dont l'éducation commerciale est ancienne,
faite de tous les risques de commerces lointains et difficiles et
qui pratiquent l'assurance sous ses multiples formes ; là, au
contraire, clientèle de producteurs et de spéculateurs ou très
puissants, qui s'assurent eux-mêmes, ou plus faibles qui vivent
avant tout du crédit que la liberté du courtage leur permet
plus facilement de trouver.

L'objection tirée de la rigueur des marges ne se trouve
donc ni absolument confirmée, ni entièrement infirmée par les
faits et il semble bien qu'il en soit exactement ainsi pour
toutes les critiques que nous avons vu adresser aux Caisses
de liquidation et qu'avant tout il faille considérer des espèces ;
telle critique, celle de l'instabilité nouvelle donnée aux
cours, s'appliquera à la Waaren-Liquidations-Casse de Hambourg de 1888, mais la Caisse de Roubaix-Tourcoing pourra
revendiquer d'avoir par ses mesures énergiques enrayé la
baisse des laines en 1900 ; Hambourg seul, suffirait à prouver
combien on peut justement craindre que le secret des affaires
ne soit point respecté, mais il nous montre aussi comment
une administration diligente peut remédier dans une large
mesure aux défectuosités, aux lacunes des Règlements, et si
l'Abrechnungs-Casse de Leipzig a, en partie, contribué à jeter
le discrédit sur le terme en peignés et, plus qu'auparavant, remis

le filateur allemand sous la dépendance d'Anvers, il semble
bien que l'organisation termiste du Havre et de Roubaix ait
été favorable au développement de l'économie nationale et
puissamment aidé ces places dans leur lutte contre la concurrence étrangère.

*
* *

Mais la question est plus générale et l'individualité de ces
Caisses ne saurait seule entrer en considération. La Caisse de
liquidation et de garantie, en effet, nous est proposée comme la
solution, — seule solution précise, immédiate et facilement réa-
lisable, — des dangers et des maux signalés du marché à terme.

A cette idée nettement affirmée, dès 1897, par la Chambre
de commerce de Bordeaux, par exemple, — qui déclarait
« qu'en étudiant le fonctionnement des Caisses de liquidation, organe indispensable des marchés à terme, on pourrait
trouver les moyens d'en restreindre les abus, sans avoir à
rechercher un critérium qui permît de distinguer nettement
entre les marchés réels et les marchés fictifs », — les discussions qui suivirent les événements de 1905, les vœux émis par
un grand nombre de Chambres de commerce, de Conseils
généraux sont venus donner une force nouvelle. Pour la réalisation de cette œuvre de réorganisation de nos marchés à
terme, de plus stricte réglementation de nos Bourses, reconnue
nécessaire, on oppose à l'action de l'Etat, l'action des intéressés,
— à la police de l'autorité, la police faite par le marché lui-
même, — à la réforme par voie législative, la réforme spontanée
par la création de Caisses de liquidation et de garantie.

Au problème général ainsi posé, nous répondrons d'une
façon bien nette.

Théoriquement, la Caisse de liquidation *type*, celle dont
nous avons exposé le mécanisme dans la première partie de

cette étude, celle qu'on peut construire en complétant et en
corrigeant les unes par les autres les dispositions des divers
Règlements, — peut apparaître telle que la définissent et la
veulent ses partisans : l'organisme commercial perfectionné
dont le jeu précis et mesuré doit, de façon presque uniquement *automatique*, assurer la sincérité des cours, la sécurité
des transactions, — en un mot régulariser et parfaire cet autre
instrument délicat qu'est le marché à terme.

Pratiquement, la Caisse de liquidation ne saurait être considérée comme le remède unique et universel des maux dénoncés
du marché à terme ; une Caisse de liquidation, en effet, n'apparaît pas comme toujours *possible :* là où elle est possible,
elle n'apparaît pas comme toujours *suffisante.*

Une Caisse de liquidation doit être à la mesure du marché,
mais plus encore le marché doit être à sa mesure. Il ne le
faut, semble-t-il, ni trop large (Paris), ni trop étroit (Reims) ;
que les transactions portent sur un seul produit, si ces transactions sont assez actives et assez nombreuses, la Caisse de
liquidation peut vivre ; mais la trop grande multiplicité de marchandises traitées sur la place semble au contraire devoir s'opposer à son succès. Elle apparaît aussi mieux faite pour les
produits d'importation et les denrées relativement chères que
pour les commerces dont les éléments constitutifs relèvent de
la production indigène. Il lui faut une clientèle nombreuse
d'opérateurs moyens, trop modestes ou trop disciplinés pour
imposer leurs conditions et assez sérieux pour n'être pas
entravés par la surveillance constante et les appels quotidiens
de la Caisse : en un mot, ni trop grosses maisons qui se
suffisent à elles-mêmes, ni masse de petits spéculateurs que
l'obligation aux strictes conditions des marges met en fuite.

Enfin et surtout, une Caisse de liquidation doit être, par
définition, l'œuvre du marché lui-même ; elle suppose le

consentement, l'adhésion de la grande majorité des intéressés, producteurs et spéculateurs, l'abdication, partielle sans doute, mais réelle, de leur liberté et de leurs intérêts individuels devant l'intérêt général ; et cela n'est pas un vain mot : les opérateurs du marché de Roubaix qui, en août 1900, ont voulu spéculer à la baisse, ont pu sentir toute la rigueur du frein qu'ils s'étaient donné à eux-mêmes dans l'intérêt supérieur de la place et du commerce lainier. Facultative en principe, la Caisse de liquidation doit, en fait, être obligatoire pour vivre d'abord, pour rendre ensuite tous les services qu'on en attend. Or, cette unanimité des intéressés est-elle toujours possible à obtenir, et précisément là où le besoin d'une meilleure organisation du terme se fait le plus sentir ? Les résistances individuelles qui apparurent sur le marché de Paris en 1905 et qui finirent par l'emporter, moins peut-être par les détours habiles qu'elles inspirèrent que par tout ce qu'on sentait de mauvais vouloir et d'inertie derrière elles, semblent bien prouver le contraire.

Mais ce n'est point là peut-être l'objection la plus grave. La Caisse, peut-on dire, s'adaptera aux besoins du marché ; d'autres institutions connexes, des Caisses de mutualité et de crédit, pourront lui prêter leur concours. La menace d'une réglementation plus sévère donnera aux intéressés tout le bon vouloir nécessaire. Soit ; mais même en supposant la Caisse de liquidation toujours et partout possible, elle n'apparaît pas moins comme une solution essentiellement relative, et de par sa nature même, insuffisante.

Rien n'oblige à passer par son intermédiaire : même acceptée sur la place, rien ne garantit que les opérateurs lui soumettront indistinctement *tous* leurs contrats et qu'en dehors des opérations enregistrées d'autres, de pur jeu, ne seront point traitées sur le marché. Roubaix, en 1900, a dû sévèrement rappeler aux maisons de commission que toutes leurs opérations, sans exception, devaient être déclarées à la Caisse. Et si, précisément, ce sont les plus audacieux, les purs spéculateurs dont l'action est la plus néfaste et la plus redoutable, comment ne voit-on pas qu'une Caisse de liquidation, dont on peut user ou non à son choix, qui n'enregistrera peut-être que la minorité des transactions comme à Paris en 1885 et en 1887, apparaît, dès l'abord, comme une solution insuffisante et incomplète.

Enfin, et c'est à nos yeux l'objection décisive, la question de la direction, la part prépondérante et presque sans possibilité de contrôle laissée à quelques-uns dans le gouvernement d'une institution qui vise un but aussi général, nous apparaît trop grande, trop dénuée de garanties extérieures. La Caisse de liquidation constitue un organisme commercial dont tout l'effet utile dépend des mains qui le manient : trop facilement, elle peut se transformer en un instrument de jeu et d'exploitation du terme. Les deux exemples précis de Hambourg et de Magdebourg suffisent à montrer que ce n'est point là une crainte vaine. Un véritable instrument de réforme nous semble devoir être mieux dégagé des pures conditions de fait de sa réalisation : sinon, et dès avant les preuves obtenues de son bon fonctionnement, le risque apparaît trop grand, l'aléa trop considérable, le résultat trop immédiatement subordonné à des questions de personnes, à des circonstances purement fortuites.

En résumé, nous voyons dans la Caisse de liquidation une *solution locale*, soumise à l'influence prédominante de circonstances locales, exigeant pour sa réalisation tout un ensemble de conditions économiques particulières.

Quant aux résultats apportés par l'institution, au double point de vue que nous avons indiqué, ils nous sont apparus si directement subordonnés à des questions de personnes et de direction, si complètement différents suivant les espèces, qu'il nous semble bien difficile d'en pouvoir tirer un enseignement général et qui vaudrait pour l'avenir. A nos yeux, la question qui fut posée en 1905 à la Commission extraparlementaire : « des moyens d'améliorer le fonctionnement des Bourses de commerce et d'assurer la régularisation des opérations qui s'y effectuent », — subsiste entière.

BIBLIOGRAPHIE

Oscar Bloch. — Quelques mots à propos des Caisses de liquidation, Paris, 1905.

— Les Caisses de liquidation (*Cote de la Bourse et de la Banque*, 16-20 novembre 1905).

A. Charliat. — Les blés et farines à la Bourse de commerce de Paris et la spéculation sur les grains (*Revue politique et parlementaire*, novembre 1900).

M. Colrat. — Le terme sur laine peignée et la crise de Roubaix (*Revue politique et parlementaire*, janvier 1901).

Dany. — Manuel des opérations commerciales, 2e édition, Paris, 1900.

Delcambre (Paul). — Les Caisses de liquidation et les opérations à terme sur marchandises, *thèse* Caen, 1907.

Delivet (E.). — Le commerce du café et les opérations à terme qu'il nécessite (*Revue politique et parlementaire*, février 1901).

Dolléans (Edouard). — De l'accaparement, *thèse* Paris, 1902.

Domergue (J.). — V. *Réforme économique*.

Dunan. — La crise du marché des sucres en 1905 et la question de la Caisse de liquidation à la Bourse des marchandises de Paris, *thèse* Paris, 1907.

Essars (P. des). — Les Caisses de liquidation des affaires sur marchandises (*Revue économique et financière*, juillet 1894).

Fuchs (K.-J.). — Der Waaren-Terminhandel. Seine Technik und wolkswirtschaftliche Bedeutung, Leipzig, 1891.

Guilmard (E.). — Réorganisation de la Bourse de commerce, Paris, 1906.

Hammesfahr. — Le commerce des grains et les marchés à terme en rapport avec les problèmes sociaux, Paris, Anvers, 1899.

Haristoy. — Virements en Banque et Chambres de compensation, *thèse* Paris, 1906.

Hayem. — Opérations à terme sur les marchandises, *thèse* Paris, 1894.

Jannet (Claudio). — Les Caisses de liquidation des opérations en marchandises. *Comptes rendus de l'Académie des Sciences morales et politiques*, 1892.

— Le capital, la spéculation et la finance au xixe siècle, Paris, 1892.

Loiseau (H.). — La question et le marché des sucres à propos de la proposition Rajon (*Revue politique et parlementaire*, décembre 1900).

Patoux. — De la liquidation par filières des marchés sur marchandises, *thèse* Paris, 1899.

Piekenbrock (Carl). — La loi allemande sur les Bourses du 22 juin 1896 et ses effets, *dissertation*, Lausanne, 1905.

Pupin (H.). — La crise lainière de Roubaix-Tourcoing et le marché à terme, Paris, 1900.

Sayous. — Les Bourses allemandes de valeurs et de commerce et les lois impériales des 22 juin et 5 juillet 1896, *thèse* Paris, 1898.

Senn. — De la liquidation des marchés à terme en marchandises, *thèse* Paris, 1889.

— Le marché du coton en France (*Revue politique et parlementaire*, juillet 1901).

Sinceny. — V. *Réforme économique*.

Smith (Ch.-W.). — De la spéculation internationale sur les céréales et les fonds publics (*Revue d'économie politique*, 1898).

Sonndorfer. — Die Technik des Welthandels, 3ᵉ édition, Vienne, Leipzig, 1905.

****

Bulletin de la Fédération des industriels et des commerçants, septembre-octobre 1905.

Cote de la Bourse et de la Banque.

Le Pour et le Contre.

Réforme économique, 20 août, 3 septembre, 1ᵉʳ 22 octobre, 12-15 novembre, 10 décembre 1905.

Revue de Paris (novembre 1903, de Rousiers, Le port du Havre).

Revue politique et parlementaire (*Une enquête sur les marchés de marchandises en France*). Articles cités de Charliat, Colrat, Delivet, Loiseau, Senn, 1900-1901.

Le Temps.

****

Statuts, Règlements et Bilans des *Caisses de liquidation* du Havre et Roubaix-Tourcoing, de la *Waaren-liquidations-Casse* de Hambourg, de la *Zücker-liquidations-Casse* de Magdebourg, de l'*Abrechnungs-Casse für Kammzuggeschäfte* de Leipzig.

Coton (usages, contrats, règlements), Le Havre, 1907.

Conditions générales pour laines peignées et laines en suint (Roubaix, 1906).

Règlements du marché de Paris.

Revue de Savarin et Cⁱᵉ : café, coton. Le Havre.

Correspondenz der Aeltesten der Kaufmannschaft von Berlin.

Hamburg's Handel. Berichte, herausgegeben auf Veranlassung der Handels kammer (annuel).

Hamburg's Handel und Schifffhart (annuel).

Tableau général du commerce et de la navigation (Direction générale des Douanes) (annuel).

****

Rapport fait au nom de la Commission chargée d'examiner les propositions de lois concernant les marchés à livrer et l'agiotage sur les denrées et marchandises, par *Gustave Dron* (Chambre des députés, session 1898, annexe au procès-verbal de la séance du 21 mars).

Interpellation de M. Mirman, relative aux ventes publiques de laine peignée à Roubaix, *Journal officiel*, 22 juin, 9 juillet 1900.

TABLE DES MATIÈRES

———

PREMIÈRE PARTIE

MÉCANISME JURIDIQUE DES CAISSES DE LIQUIDATION

14

DEUXIÈME PARTIE

FONCTION ÉCONOMIQUE DES CAISSES DE LIQUIDATION

www.ingramcontent.com/pod-product-compliance
Ingram Content Group UK Ltd.
Pitfield, Milton Keynes, MK11 3LW, UK
UKHW022336090726
13658UKWH00001B/298